독거소녀 삐삐

최정란 시집

상상인 시선 031

독거소녀 삐삐

* 저자의 의도에 따라 작품의 보조 동사와 합성 명사는 띄어쓰기가 달라질 수 있습니다.

* 본문 페이지에서 한 연이 첫 번째 행에서 시작될 때에는 〈 표기를 합니다.

시인의 말

검은 솥이 흰 두부를 끓이고 있다 두부는 몸 전체가 마음, 으깨지기 쉽고 모서리가 고즈넉한 고요, 저 말고는 아무도 가두지 않는 작은 상자, 역병과 전쟁의 반대말, 평화와 일상의 동의어, 칼로 자른 듯 분명하지만 속속들이 부드러운 미래, 희고 슴슴한 질문으로 가득하다 흰 두부가 검은 솥을 끓이고 있다

2022년 4월 최정란

■ 차 례

1부 괜찮아 사람이 되어도

거절학개론 – 이 필수 교양서의 목차를 지운다	19
소프트아이스크림	20
말과 투구와 노새와 랩	22
헝거 문 Hunger Moon	24
술병은 비고 스파이는 떠나요	25
눈사람 소년	28
유리로 망치를 깨서 탈출할까요	30
목단꽃 무늬 접시	32
포도 잎 일곱 장	33
프랑스 자수가 놓인 식탁보	34
흰 시간 검은 시간	36
맑음	37
해피 어스 데이 투 유 Happy Earth Day to You	40
아득한 아카펠라	42
일기예보	45

2부 농담의 힘을 믿고 끝까지

지그시	51
드디어	52
아마도	53
공중사원	56
6월	60
피노키오	62
고군분투	63
한 번도 본 적 없는 목소리가 손을 흔들면	64
별명	67
판탈롱	68
만화소녀시대	70
아침은 맑음, 오후는 모르겠어요	73
뜨거운 취미	76
눈물광대	80
막막광대	81
회의광대	84
위임광대	86

3부   환하고 말랑말랑한

소녀들이 소풍을 가요	91
무적	92
올리브 vs 올리브	96
사슴뿔선인장	97
달려라 하니	100
버뮤다 제라늄	102
독거소녀 삐삐	104
초승달편의점	105
반상회 508	108
반상회 401	110
후크선장	112
사포	115
사십 계단에서 훔쳐 온 사과	116
검은 모자를 쓴 책상	118
십자뜨기	119
목련 부메랑	120
숨도둑	122
눈의 결정을 뜨개질하는 소녀들	124

4부 놀이의 각도

혼자 살아요	129
지구력	130
무희들	132
신문지 놀이	134
해바라기	137
묘지지도	138
뽁뽁이 Bubble Wrap	140
우수의 이차방정식	143
셀카 Selfie	144
마리오네뜨의 동선	146
빵과 칼의 거리	148
단골이 되기에 너무 늦은 술집은 없다	150
도마뱀이 나타난 저녁	153
무	154
전사의 시	157

■ 부록

울음의 이정표　　　　　　　　　　　　　　159
숨죽여 우는 사람　　　　　　　　　　　　160
프롤로고스　　　　　　　　　　　　　　　161

해설 _ 발랄과 우울, 그리고 그 사이　　　163
– 최정란 시집 『독거소녀 삐삐』 읽기
오민석(문학평론가·단국대 교수)

1부

괜찮아 사람이 되어도

거절학개론
– 이 필수 교양서의 목차를 지운다

  나는 무수히 많은 거절로 이루어진다 내일 사과로 거절당하고, 오늘 오렌지로 거절당하고, 어제 레몬으로 거절할 것이다 거절이 관계를 우롱한다 거절이 관계를 개관한다 관계가 지속될지 끝날지, 거절 이후에야 비로소 알게 된다 삶을 거절해보기 전에는 삶을 모른다 꽃을 거절할 수 없어 열매를 거절한다 달을 거절하지 않을 예정이므로 나는 해를 모른다 삶도 나를 모를 테니, 비긴 걸까 너를 거절할 수 없어 오늘도 나는 나를 거절한다

소프트아이스크림

누가 돌에게 흐르는 말을 가르쳤을까

돌이 숨죽여 우는 소리를
혼자 듣는 밤이면
죽은 얼굴을 덮은 홑이불처럼 눈꺼풀이 무겁다

돌이 울고 간 아침이면
청소부가 한 트럭씩 유리조각을 쓸어간다
투명한 벽과
더 투명한 별과
더욱더 투명한 볕과 부딪치면서,

돌은 불타는 병과 함께
단단한 안개 속을 날아다니다가
몸을 던진다

통행금지를 통과할 수 없는 두꺼운 꿈을 향해
흐린 소문이 담긴 불길한 자루를 비우며

돌이 날아오를 때마다

돌의 자리를 비운 공기가 촘촘해지고
울음의 네 모서리가 축축해진다

돌은 언제 날개를 잃었을까
슬픔으로 붐비는 중력

제힘으로 날아오르지 못하고부터
힘껏 끈적하게 달콤하게
녹아내리기로 했을까

누군가 던진 돌에 맞은 적 있다
눈을 감으면 돌이 눈썹 사이에 떠 있다

말과 투구와 노새와 랩

졸라 블라블라 졸라졸라 블라블라 어여쁜 소녀 떼가 졸라졸라 길을 간다 졸라졸라 팔짝팔짝 졸라졸라 즐거워 교실도 졸라 시험도 졸라 학원도 졸라 아빠도 졸라 (밥맛없어) 엄마도 졸라 (밥맛없어) 집도 졸라 용돈도 졸라 알바가 졸라 생리대가 졸라 말과 투구가 졸라 발랄해, 졸라졸라 거슬려, 내가 졸라 밥맛이라는 증거, 학교와 부모를 졸라 존중하는 증거, jollyjolly 깔깔대며 졸리졸리 조잘대는 소녀 떼, 투명한 새 탁구공처럼 졸라졸라 튀어 오르며, 입을 모아

졸라졸라 블라블라

존나 블라블라 존나존나 블라블라 씩씩한 소년 떼가 존나존나 길을 간다 존나존나 펄쩍펄쩍 존나존나 유쾌해 게임도 존나 급식도 존나 과외도 존나 선생도 존나 (병맛이야) 형도 존나 (병맛이야) 축구도 존나 여친도 존나 꿈이 존나 솜털 수염이 존나 말과 노새가 존나 경쾌해, 존나존나 거슬려 내가 존나 병맛이라는 증거, 선배와 또래를 존나 존중하는 증거, 尊나存나 낄낄대며 좋나좋나 진지한 소년 떼, 보이지 않는 골대를 향해 존나존나 돌진하

며, 발을 굴려

존나존나 블라블라

* 괄호 안이 더 크게 들린다. 밥맛과 병맛은 어떻게 같고 다를까. 모른다는 것 좋다.

헝거 문 Hunger Moon

누가 달의 귀에 달콤한 목소리를 심었나
달려 달려, 달아나 달아나,

보름에서 그믐으로, 그믐에서 보름으로
끝없이 달아나는 달

달리기라면 이골이 났을까
지치지도 않고 달리는 달

그토록 오래 달렸건만
그토록 오래 달아났건만

한 발자국도 궤도 밖으로 달아나지 못한 달
제 그림자에 쫓기는 달
제 목소리에 영원히 쫓기는 달

달리는 것 말고는 어찌할 수 없는 달
실패한 달의 탈주를 위하여

술병은 비고 스파이는 떠나요

1
이제 그만 방에서 나오서요 아버지 긴 출장이 끝났어요
더 이상 숨지 않아도 돼요
작전은 오래전에 끝났어요

술병은 비고 스파이는 모두 떠났어요

서른세 장의 명함이 동시에 담겼다 비워지고
여든네 개의 술잔에 포도주가 넘쳐요

세상의 소식들이 한 번씩 다녀간다는
소문이 희석되는 대외비 무덤

특종과 거짓말, 소문과 괴담들 담겼다 비워져요

이 상자는 흰 뼈를 숨기기에 좋은 가짜 뉴스
알약들이 숨어 있기 좋은 검은 방, 검은 주파수에
보이지 않는 채널을 맞춰요

당의정이 알리바이를 맞추는 시간

〈
게르의 흰 점들 점점이 생각에 잠기고
엠바고의 빗장이 풀리고

풀밭에 굳게 입 다문 검은 007 가방
초원의 아버지, 가방에 들어간 아버지
행간에 매복한 대외비가 사각의 바람에 흩어져요

초원의 007 작전은 끝났어요

더 이상 세계는 이 가방을 중심으로 돌지 않아요

2

가방이 열린다 서둘러 닫힌다 갖가지 약병과 약봉지 가득하다 회식과 회식으로 쌓아 올린 기름진 오전을 증명하듯 잠깐 들킨 오후, 빠르게 닫을 수 없는 순간에도 시간은 흘러가는가 세상을 편집하던 전반전, 걸쭉한 피의 문장들 돌의 혈관을 떠돌 때, 주전 선수로 필드를 가볍게 날고 뛸 때. 이 가방이 후반전 약상자로 무겁게 쓰일 줄 짐작이나 했을까 열린 자신을 서둘러 닫는 손놀림 뒤에서

벌겋게 달아오른 낭패, 떨리는 표정, 나는 정말 본 것일까

눈사람 소년

또 한 소년이 녹아 흘러내렸다
추워야 산다
그건 참 시린 일

흰빛이 채 어두워지기 전에
때 묻고
흰빛이 채 빛나기 전에
어둡고

흰빛이 채 단단해지기 전에
심장을 갉아 먹는 열정은
얼마나 뜨거운
송곳니를 숨기고 있나

어떤 따뜻한 말에도
녹지 않는 기념비가 되겠다더니

갉아 먹힌 심장이
가장 먼저 녹아버리자
그뿐

몸통과 외피는
커다란 얼룩 하나만 남기고
모두 증발해버렸다

소년이 처음 온 곳으로
돌아가 버린 후

둥근 몸을 굴리던 나뭇가지 손
당근 코
연필로 다문 수평선 입술
솔잎 눈썹
지상의 누추한 골짜기를
굴러다닌다

유리로 망치를 깨서 탈출할까요

한 문장이 유일한 배경일 때가 있다

기대서는 안 되는 한 문장, 그래서 기대는 문장이 있다
그만두면 돼,

이 손님은 초대도 없이 불쑥 찾아와 속삭인다
다 그만둬,
부드럽고 감미롭게 귀를 깨문다

문 두드리는 소리도 없이 창가에 서 있기도 하고
상비약 상자 위에 앉아 있기도 하고
옥상 난간에 걸터앉기도 하고
다리 난간에 하현달처럼 희미하게 걸려 있기도 하고

밤새 손님의 말에 귀를 막으며 반복한다
아니야, 지금은 아니야,
아직은 아니라고, 아직은 아니라고 다독이며
다음을 위해 마음을 아껴둔다

다 그만둬

누구에게나 찾아올 수 있는 고요한 손님
잘못 대접하면 돌이킬 수 없는 손님
어깨를 안아주고 등을 다독여 한숨 재우고
돌려보내야 하는
다정한 불청객

등 떠밀어 돌려보낸 문장이 검은 그물에 걸려 있다

목단꽃 무늬 접시

  목요일에는 발목이 시리다 목동이 버린 아이처럼 발등이 부어오른다 손목이 아프다 목이 쉰다 화목한 벽난로 앞에서 고양이가 존다 불이 붙기를 기다리는 차가운 수염이 된다 욕조에는 목요일의 온도가 찰랑거리고, 목욕이 끝난 후 말랑말랑한 젤리 간식. 목요일에는 진짜 아버지를 찾다가 어머니와 결혼한 남자가 된다 목메지 않은 하루가 있어 참 다행이야 목요일의 목에 매달린 방울이 짤랑거리는 사이, 목요일의 무릎에 금이 간다 목요일의 도돌이에는 모딜리아니가 없다 대신 침목이 사라진 철로가 달린다 없는 뒷목을 찾아 목적 없이 헤매는 목표가 기차에 올라탄다 목요일의 어깨를 딛고 쏟아져 내리는 별의 목록, 목성은 목요일에 목발을 타고 가는 별, 목례하는 별의 목에는 목젖이 없다 목요일은 입이 크다 목요일의 나무는 너무 많은 강의 말을 삼킨다

포도 잎 일곱 장

 머리칼 새하얀 농부가 찾아오네 잎 일곱 장만 남기고 다 잘라버리시오 더도 말고 덜도 말고, 경험 많은 농부는 알고 있네 포도를 가장 달게 익히는 생의 비밀 포도나무 새순을 향해 중얼거리는 쓸쓸한 대외비, 포도 한 송이 당 일곱 장이면 충분하네 나머지 잎과 곁가지와 순은 잘라버려야 하네

 수염이 새하얀 농부가 찾아오네 포도알이 새끼손가락 한 마디만큼 자라면 봉지를 씌우시오 그전에 작은 알맹이들을 솎아내시오 초록 개미 떼처럼 매달린 포도알들, 일찌감치 자라기를 그만둔 팥알 같은 포도알들, 굵은 포도알 뒤에 숨은 포도알들 떨고 있네 꽃밭에 포도나무를 심었네

 눈썹이 새하얀 농부가 찾아오네 귀가 새파란 부음을 듣고 오네 신의 솎아내기는 정말 모르겠어 늙은 농부가 한숨을 쉬네 경험 많은 농부도 모르는 것이 있네 신도 모르는 것 같네 누구를 솎아내고 누구를 남겨두어야 할지, 포도나무 한 그루 받아 안은 뒤로 꽃밭은 모르는 것이 늘어나네

프랑스 자수가 놓인 식탁보

깨진 창문을 바라보는 오후 세 시에는
행복하다는 말도, 행복하지 않다는 말도
어울리지 않는다

행복하다는 말이
오후 세 시의 식탁보에 얼룩을 만들 것이다
행복하지 않다는 말이
무엇을 어떻게 찢을지 몰라
가슴이 찢어진다

오후 세 시의 홍차 잔
작은 꽃무늬를 통과하는 바늘의 시간

삶이 보낸 편지를 읽듯
한 모금씩 나누어 마시다 보면
찻잔 바닥에 남는 몇 방울 추신
본문이 끝나고 난 후 더해진 한 문장이 들린다

내내 잘 있어요
〈

행복하지 않다고 불행한 건 아니어서
일렁이는 사이마다
리본과 꽃과 잎이 수 놓이지만

차 한 잔 마시는 사이를 참지 못하고
오후 세 시의 거울을 서둘러 빠져나오는
메아리,

내내 잘 있어요 잘 있어요 있어요

흰 시간 검은 시간

 그 많은 흰 시간은 모두 어디로 가나 그 많은 모래알 같은 아침들, 그 많은 팥알 같은 저녁들, 그 많은 사약 같은 밤들, 내가 다 먹지 푹푹 내가 다 퍼먹고, 후루룩 내가 다 들이마시지 구석구석 시간의 뼈와 뼈 사이 알뜰히 내가 다 파먹지 시간을 뜸이 잘 들게 짓는 일은 내 몫, 시간의 가시 사이 살점을 잘 발라 먹는 일도 내 몫, 시간을 편식 없이 골고루 먹는 일도 내 몫, 시간을 먹으며 나이를 먹지 이를 다 먹어버린 입을 오물거리지 잇몸으로 천천히 시간을 빨아먹지 느리게 느리게 시간을 녹여 먹지 도둑처럼 검은 시간이 부엌에 쳐들어오면 내가 짓지 않은 하루가 차려지지 남이 지은 새벽, 남이 지은 오후, 남이 지은 식탁은 간이 맞지 않아 남이 지은 시간은 먹을수록 허기지지 방금 저녁을 먹고도 안 먹었다고 시치미 떼지 밥 달라고, 시간 더 달라고, 고래고래 고함 지르지

맑음

이제 흘려보내요 고요히 우는 얼룩들을
처음 떠나온 곳으로, 오래 미끄럽게 헤맨 비누처럼
마땅히 가야 할 곳으로, 울퉁불퉁한 거품처럼
흘려보내요

간절히 보내고 싶지 않더라도
그들이 한때 우리에게 말없이 와서
눈물로 지은 소금기둥을 적시며 정답게
곁을 지켰더라도
한 세월 머물렀더라도
우리와 오래 눅눅한 한 몸이었더라도

땀 냄새 짜디짠 시간이 그립더라도
여전히 서로의 심장을 다 알지 못하더라도
아직 할 말이 강물처럼 남아 있더라도
길거리 웅덩이에서 흘낏 눈이 마주치더라도
애써 아는 척하지 말아요

대신 거품이 나도록 문지르며
미끄러운 비누의 세례를 부지런히 내려요

〈
거품이 잘 일지 않더라도
그들이 아주 깨끗이 떠나지 않더라도
미워하지 말아요

가장 아끼는 흰 블라우스에 미적거리며
희미한 그림자로 우리 곁에 남아
우는 날이 많았던 이번 삶의 증거를 문득문득 보여줄지라도

순진무구한 불행들이
아무 일도 없었던 것처럼 표백되는 삶은 아니라고
아무리 깨끗이 빠져나가 잊으려 해도
모든 순간은 보이지 않는 얼룩으로 남는다고

빗방울무늬 왕관무늬 얼룩이 떼 지어 꽃의 이름으로
다정하게 울부짖더라도

끝까지 다할 수 없는 최선인 것처럼
끝까지 누릴 수 있는 은밀한 슬픔인 것처럼

〈
햇볕이 쉬지 않고 꽃을 늙게 하더라도
나무들 새 얼룩을 묶은 가지마다 일제히 내놓은
꽃나무와 꽃나무 사이,
길게 빨랫줄을 매고
흰 빨래를 널어 말려요

얼룩이 바래기를, 너무 늦지도 너무 빠르지도 않게
다음 생이 오기를
오로지 성실하게 기다려요

해피 어스 데이 투 유Happy Earth Day to You

왜 태어났니 왜 태어났니 인구도 많은데
왜 태어났니

소녀들 손뼉 치며 생일을 축하해
모닥불은 타오르고

세계화에 걸맞은 노랫말
생일 축하합니다, 따위
진부한 축하를 밀어내며 반복해

왜 태어났니 왜 태어났니 인구도 많은데
왜 태어났니

별빛을 뚫고 흘러나오는 생일 축하 노래가
빙글빙글 지구를 돌리고
빙글빙글 소녀들을 돌리고

직업이 소녀들을 포기하거나 말거나
애인이 소녀들을 포기하거나 말거나
결혼이 소녀들을 포기하거나 말거나

〈
명랑한 생크림이
소녀들의 입술에 하얗게 묻어나고
고깔모자는 알록달록한데

왜 태어났니 왜 태어났니 인구도 많은데
왜 태어났니

아기 울음소리 사라진 늙은 밤
기저귀도 우유병도 사라진 오래된 마을에서
모닥불 주위를 공전하는 소녀들

언제인가 의심 한 점 없이 기꺼이 다시
지구에 태어나도 될까

뜨거운 자전축을 중심으로
반짝반짝 손뼉 치며
빙글빙글 밤하늘을 돌아가는 소녀들
빙글빙글 우주를 돌리는 소녀들

아득한 아카펠라

   이 유리 꽃병은 헐벗었어요 유리 주의, 헐벗은 것은 작은 실수에도
   깨질 수 있어요

   꽃들이 최후의 만찬을 나누고요
   반주가 없는 그림을 그린 화가는 헐한 매독으로 죽었어요

   화가의 마지막을 지킨 것이 미처 재가 되지 않은 꽃들이라는 것은
   죽음에 가장 어울리는 폐허의 장르가
   꽃이라는 말일까요
   마지막 한 호흡까지 숨을 다해 지켜야 할 음표들
   꽃들의 허기 진 옥타브까지 올라가야 간신히 예술이
   꽃핀다는 말일까요

   투명한 유리 꽃병이 물에 담긴 들숨의 허술한 줄기를 보여주고요
   투명하다는 것은
   없는 뿌리를 있는 대로 보여주는 것이고

보이지 않는 꽃의 허전한 목젖을 조금 왜곡한다는 것이
지요

   피아노 페달에 기대지 않는 무반주의 허약한 몸이
   제 안에서 조율된 꽃대를 꼿꼿이 세워
   허영을 걷어낸 떨림화음을 꽃피워야 한다는 것이지요

   호흡의 뿌리는 깊은 곳에서 시작하지만
   실은 유리가 헐벗은 채로 보여주려 한 것이
   뿌리를 대신하는 줄기이고
   꽃이 하루라도 더 싱싱하기 위해
   물기 촉촉한 성대가 숨의 뿌리를 빨아올려야 한다면
   화가는 투명한 호흡을 그린 것일까요

   오래전 투명이 깨어진 삶은 불협화음으로 가득하고
   가위는 가장 화사한 순간에 꽃의 목을 자르고

   오래전에 죽었는데 살아남은 꽃병
   뿌리가 괴사하고 난 후에도 여전히 화사한 꽃들
   꽃들이 다 지도록 무사한 꽃병

꽃이 담긴 채로 창문을 향해 날아가는 꽃병
이 모두가 투명한 목숨의 증인이 되지만
실은 화가가 그린 것은 투명한 목소리일까요

환멸이 절반인 사랑이든, 한 번도 분홍빛인 적 없는 잉크이든
썩어가는 내면을 끌어올려 들려주는 노래이든
투명한 것들은 깨어지기 쉽고
철없이 내지르는 꽃의 가성이 유리 꽃병 가득 피어나는데

깨어져야 할 때
깨어지지 않는 것들은 더욱 끔찍하다는 것일까요

일기예보

죽은 물고기 뼈가 구름 뉴스를 보고 있다

우기에서 건기로 건너가는 모래 속에서
지난 생에 이곳은 바다였다는 듯,
문득 검은 지느러미를 멈추었다는 듯,
바다의 날씨가 마지막 양들을 기다릴 때

발끝에 차이는 양의 해골은
어디라 할 것 없이 사막화가 진행되는 초원을 거쳐
삶의 국지성 호우와 백 년 만의 폭설,
뿌리까지 휩쓸어가는 대해일을 겪은 벼랑,

아침은 안개, 비행기 이륙이 지연될 거야
유선형의 오후는 땡볕, 결국 어두워질 거야

신기루가 그려 놓은 늪을 삼킨 죽은 양의 입에서
끈적하게 흘러나오는 잠언의 예보들
옆줄로 잴 수 없는 심연의 깊이
토마토즙의 오후
〈

아침을 믿고 얇게 입으면 저녁에 떨게 돼
그 화창한 아침 어떻게
저녁의 먹구름과 회오리바람을 예측할 수 있을까

일교차는 하루도 방심하지 못할 몸의 자연이지만
사과에 단단한 꿀이 고이는 동안
얇은 인내심을 여러 겹 겹쳐 입어야 해

순한 양들이 바다 안개의 베일 위에 그려 보이는
삶의 날씨, 종잡을 수 없지만
죽은 양은 뿔을 들이밀지 않아

안심해, 이윽고 헐거운 계절이 멀지 않으니
뉴스 끝을 완성하는 긴 우산은 버려도 좋아

팽팽하게 부푼 애인이 터질 듯, 전신으로
보여주는 곡선의 일기
지상의 욕망의 날씨,
맑,
음,

〈
방금 양의 몸을 떠나 온 양떼구름을 몰고
물고기 비늘을 입은 양들을 찾아서

2부

농담의 힘을 믿고 끝까지

지그시

　눈까풀을 내리고 지그재그 흩날린다 눈을 감으면 더 잘 보이는 그림, 북쪽에서 태어난다 바람을 타고 띄엄띄엄 허공을 채우는 소문, 첫 행이 시작된다 윗입술과 아랫입술을 붙이고 손을 내민다 국경을 모르는 아나키스트, 확신은 아니지만 고개를 갸웃거리는 혹시와 어울린다 같은 장르는 아니지만 이따금 역시와 함께 출몰한다 손끝에 닿으면 이별의 역사가 녹아내린다 반드시가 수시로 연락하지만 진심을 확신할 수 없다 깨어진 약속이 이 말을 수긍할지도 모른다 따뜻한 동사를 편애하지만 응달에 혼자 머문다

드디어

시간의 물결을 바라보는 사람들이 사는 나라 말이지요
모두가 떠난 뒤에도 기다리고 또 기다리는 언어
이윽고 당도하는 무한 슬픔을 거느린 시간의 언어
천천히 헤엄치는 느린 지느러미를 가진 물고기, 동시에
그 물고기의 뼈가 녹아 흐르는 액체 언어이기도 해요
한 박자 늦게 출발하는 게으른 말이라는 오해를 받지만
선수도 심사위원도 관중도 돌아간 캄캄한 경기장에
뒤늦게 도착한 마라토너가 남은 숨을 모두 헐떡이는 말
환호도 박수도 없이 나머지 트랙을 모두 돌고 나서
없는 결승테이프를 넘어서며 몸을 바닥에 길게 눕히는 말
이 말을 신뢰한다면 우리는 같은 종족일지도 몰라요
멸종위기라는 소문 뒤로 지상에서 몸을 감춘 종족
경기장을 먼저 떠난 사람들이 우리에게 남긴
슬픔의 힘을 믿고 끝까지 살아보기로 한 종족이 있어요

아마도

떠난다는 말은 몇 도일까 오, 맙소사
사랑을 시작하기도 전에
이별을 먼저 그리는 온도는 도대체 몇 도일까
차가운 온도 뜨거운 온도 그 사이에 섬,
그 섬의 온도

황도를 지나가는 늦은 태양의 붉은 등
저도 노을에는 동감입니다만
백도 황도, 복숭아 통조림을 먹는 온도
고열일 때만 허락되는 차가운 수밀도

아마도, 아무 말 없이도 시간이 흐르는 고요한 그림
너도 나도 떠나도
너 없이도 그려내는 사랑의 온도
나 없이도 도려내는 이별의 온도
환하게 밝히는 사랑의 명도
파스텔 톤으로 뭉개지는 사랑의 채도

연륙교 아래를 흘러가는 물결의 온도
〈

아마포 셔츠를 입은 눈사람이 녹는 섭섭한 온도
모래시계가 무전기에 몰입하는 각도

봄이 오기 전에 어서 이 말을 알려요
화답하지 않아도, 간섭하지 않아도 되는 속도
누구나 알지만 목도리 속에서 웅얼거리는 목소리 그림
아무리 알려도 아무도 알아듣지 못하는 온도 그림

무인도는 아직 기회가 없어
그래도 지금은
코끼리 인형을 풀어놓아도 좋은 무인도가 어디인지
물어봐도 될까

이 작은 각도의 차이가 무한 천공에서 얼마나 멀어지는지
각도기와 컴퍼스로 그려보는 거리
지도에 없는 노선의 편도 비행기 표
하나도 무섭지 않아
사과를 깎으면
어디로 가도 이별이 도착하지 않는 과도가 있을까
〈

과도한 친절을 환대라고 착각하는 건 따분해
조금 더 지루해도 좋을까 아마도
신나는 일 좀 있어도 좋을까 아마도
아무것도 망치지 않을 거야 아마도

아무도의 옆
아무도 마지막을 확신할 수 없는 말의 섬,
그 섬에 근접하는 말의 비밀
막다른 길에 다다른 순간 문이 열리는 말의 미로
거침없는 순간도 망설이는 순간도
좌표를 확정하지 않고 움직이는 섬

언어의 지느러미가 미끄럽게 빠져나가는 말의 바다
출렁이는 말의 각도
아무도 받아 그리지 않는 말의 밀도
허락 없이 떠도는 정처 없는 섬의 농도

오래전 아마포 위에 오일 파스텔로 그린 낙서
아무에게도 아무것도 아닌 그림 속 그림
오늘도 어제도 내일도 아닌 말의 실험적 온도

공중사원

어린 기도가 흙에 잔뿌리 내릴 때
뿌리 아래 긴 공중이 생길 줄 알았을까요

그래도 우리는 꽃을 피워요

문 없는 출구와 바닥과 아치형 천장, 긴 바람의 건축물
제 발밑에 세워진 줄
꽃은 영원히 모를지라도

누군가 비우는 자리를 빠르게 채우는 것이
공중이라는 것은
시간의 내부를 훑고 가는 바람이라는 것은
얼마나 다행인지요
빈자리를 빈 채로 두는 것은
얼마나 쓸쓸한 다행인지요

모래밭에 올라와 죽은 고래 뼈 궁륭처럼
내장을 파낸 거대한 짐승처럼
반원통형 공중이 흙의 빈자리를 채워요
흙의 내부가 텅 비기를

기다리기라도 한 듯
오랫동안 작심하고 기다린 듯

바닥없는 시간의 궁륭
아무도 머물지 않고 빠르게 통과해야 하더라도
뿌리가 움켜쥔 삶의 검은 속살이
시간의 바람에 속절없이 밀려 나가는 공허를 모르더라도
우리의 기도는 꽃 피는 일

뿌리를 뒤흔드는 진동에도, 밤낮없이 달리는 차들 행렬에도
향기로운 침묵과 바람의 예배는
벼랑 위의 뿌리를 다시 흙의 경전에 박아 넣어요

바닥을 뚫고 가는 굴착기 진동에 놀라 떨던 꽃받침도
세상의 진동과 소음에 익숙해지고
뿌리 내릴 깊이가 없어진 뿌리 깊은 검은 바람도
무심한 일상이 되겠지만

흙도 공중도 서로의 어둠에 익숙해지자면 시간이 걸리 겠지만

제 한계를 먼저 설정하고 꽃 피우는 슬픔은 바닥이 없으니
아직 이별을 시작하기도 전인데
사랑을 먼저 통보하는 온도는

서로 다른 장르 출신들답게
제각기 간절한 기도로 꽃을 밀어 올려요
고래의 숨처럼 꽃을 피워요
거대한 삶의 바다에서 물 위로 머리를 내밀어 숨을 몰아쉬듯이
꽃을 몰아 쉬어요

이따금 분수처럼 쏟아지는 꽃의 불면이
견고한 믿음의 바다를 꿰뚫고 솟아오르겠지만
꽃의 입구는 당분간 온몸 흔들려도 좋아요
가시 한 점 남김없이 흔들려도 좋아요

꽃의 허공을 뚫고 들어오는 신앙심 깊은 차들
묶음으로 속도를 늦추어요
〈

꽃의 십자가에는 아직 가시가 많고
꽃봉오리인 어린 신께서 주무실 시간이므로
대지의 숨구멍으로 드나드는 천사의 날개 고요해요

바람 위에 떠 있는 이 사원은 어떤 장르일까요
꽃은 어떤 장르로 허공의 진화를 거듭할까요
이 허공에서 꽃은 얼마나 간절한 기도의 사원이 될까요

질문과 질문을 끌고
대지의 들숨과 날숨, 길게 교행을 거듭하겠지요

6월

여자들이 야생 복숭아를 설탕에 절이는 달
야생 복숭아 속의 돌을 절이는 달

야생 복숭아는 제 심장에 돌을 가지고 있어
많은 솜털이 빽빽이 돌을 에워싸고 있어
복숭아나무 옆에 선 여자들 심장이
이따금 간지럽고 이따금 두근거리고 이따금 단단해지지만

돌이 굳기 전에 돌을 녹이는 법을 터득한 여자들

작년에 절여 둔 복숭아 과육을 건져내고
미처 다 녹지 않은 돌들을 건져내고
설탕에 녹아 나온 복숭아즙을 삼베보자기에 걸러
끓는 물에 튀겨낸 유리병에 갈무리한다

복숭아 향기 조금씩 돌 속에 가두기 시작하지만
복숭아꽃의 가벼움, 채 잊혀지기 전
복숭아 속의 돌, 아직 단단해지기 전

설탕을 섞은 설익은 복숭아가 숨이 죽기를 기다리며
심장의 돌이 녹아내리기를 기다리며 여자들

복숭아즙에 얼음과 꿀을 넣고
냉수에 희석된 초여름 햇빛을 서로에게 권한다
복숭아 속 돌을 조금씩 녹여 마신다

술떡을 곁들인 복숭아즙에 취한 우물가 여자들이
지구의 자궁에서 길어 올린 양수로
전생의 복숭아 항아리를 헹구는 달
달아오른 복숭아 같은 몸을 헹구는 달

산에서 자란 복숭아들이
저마다 품고 있는 돌을 녹이는 동안
여자들의 오래 얼어붙은 시간이 조금씩 녹아 나오는
달, 그래도

차마 속속들이 다 녹지는 않는 여자들
제 속의 단단한 돌은 영원히 녹이지 못하면서
흰 머릿수건 풀어 무심히 이마를 훔치는 달
돌복숭아 솜털이 가장 무성한 달

피노키오

 일곱 바퀴 반의 저녁이 두 손바닥을 펼쳐 보인다 어두워지는 손바닥이 자장가 대신 거짓말을 부른다 괜찮아 부화하지 않아도, 괜찮아 날개가 없어도, 괜찮아 꿈꾸지 않아도, 알은 알이라는 것을 모른다 세상 끝까지 갔던 코가 돌아온다 오늘 저녁은 무엇일까 함부로 뱉은 말은 어떻게 여기까지 올까 저녁의 노래가 창문을 넘어간다 노래의 발은 얼마나 오래 풀밭을 걸어갈까 느린 풀밭의 풀냄새가 묻은 발바닥, 코피 흘리는 꽃의 세계, 진짜 사람이 되려면 무엇을 얼마나 더 버려야 할까 거짓말이 아니라는 거짓말, 봄 아닌 봄, 흰 접시 아닌 흰 접시 위에 놓인 흰 말, 꽃 아닌 꽃이 피어도 좋을까 거짓말을 할 때마다 입이 녹아내린다 입이 녹아내릴 때마다 새 혀가 돋아난다 살을 발라낸 저녁의 윤곽 속으로 냄새의 노선이 지워진다 세계의 한가운데 홀로 앙상한 두려움, 두 뼘 길어진다 숨은 불안의 냄새, 연장되지 않는 시간의 냄새, 사랑이라 오독되는 사람의 냄새, 뒤죽박죽 뒤섞인 말의 냄새, 외로운 것들은 외롭지 않다는 거짓말로 안부를 나눈다 괜찮아 네 잘못이 아니야, 괜찮아 사람이 되어도, 견딜 수 없이 괜찮지 않을 때마다 괜찮아, 괜찮아, 거짓말 아닌 거짓말을 남발한다 마침내 진짜 사람이 되지 않기로 한다

고군분투

   평화에서 적을 발견한다 적이 없으면 적을 심고 적을 기른다 적이 자라지 않으면 뚝딱뚝딱 속성으로 적을 만든다 교실은 성적을 빙자해서 적을 만들고, 회사는 실적을 올리는 막대그래프에 적을 올려 보내고, 가족은 본적에서 파낸 말놀이로 적을 울린다 원하지 않는 성으로 태어난 군인과 시인은 자신을 적으로 삼는다 그리고 긴 전투를 끝낸다 서로를 적으로 만드는 큰 축제가 몇 년마다 열린다 이 축제 기간 동안 적이 없는 사람은 소속감이 없어 외로워진다 소외감 때문에라도 적을 만든다 그리고 다음 적이 나타날 때까지 맹렬히 공격한다 혼자 있을 때는 가상의 적을 물어뜯는 고요를 훈련한다 누적된 슬픔이 팽팽하다 주기적으로 적적하다 모두를 적으로 만드는 슬픔에 중독된다

한 번도 본 적 없는 목소리가 손을 흔들면

젊은 엄마가 계란을 삶고 김밥을 싸요
젊은 아빠는 만삭의 아내가 싼 도시락을 받아 들어요

잘 놀다 오세요
세상은 고요하고
조만간 닥칠 폭풍은 아직 아무도 몰라요

나는 출렁거리며 떼를 써요
나도 갈래 나도 갈래 나도 데려가

언니가 엄마 배를 만지며 속삭여요

아직 땅을 모르잖아, 기는 법을 배워야 해
아직 공기를 모르잖아, 들숨과 날숨을 배워야 해
아직 불을 모르잖아, 타지 않는 법을 배워야 해
아직 우는 법을 모르잖아, 첫울음을 터뜨려야 해

엄마의 자궁을 찢어야 해
엄마의 좁은 산도를 힘껏 열어젖혀야 해
어서 태어나기나 해, 엄마를 죽이지 말고

그렇다고 겁먹지 말고

아직 웃는 법을 모르지만 자주 웃게 될 거야
먼저 울어야 해, 많이 울어야 해, 잘 울어야 해

나는 정말 모르는 것이 너무 많아요
물 위에 떠 있지만 공기 속으로 풍덩 뛰어들어야 해요
그건 정말 멋진 일일 것 같아요

차갑고 뜨거운 공기를 빨아들여
아직 납작한 폐를 풍선처럼 부풀려야 해요
그러면 비로소 처음 울게 돼요
그건 정말 아픈 일일 것 같아요

불에서 출발해서 물에서 자라는 다섯 번째 아이
잘 울게 될 아이
조만간 네 번째 아이가 되어야 해요

나는 정말 태어날 수 있을까요
엄마를 죽이지 않고 태어날 수 있을까요

손가락 발가락 각기 열 개씩 매달고
날카로운 공기 속으로 나가도 되는 것일까요

어서 가자, 한 번도 본 적 없는 아빠 목소리가
언니와 오빠를 데려가요

어서 가자, 그네를 매어 둔 떡갈나무가 손을 내밀어요

볕멍

저 황홀, 눈이 멀게 환한, 생이 녹도록 따뜻한

저 찬란, 눈부시게 느슨한 생의 밀도 내려놓고

저 뭉클, 촘촘한 볕의 농도에 홀려도 좋을까

씹어야 할 고통의 지분 아직 다 하지 않았는데

우수는 멍하니 춘수에 넋 놓아도 좋은 것일까

아무것도 변명하지 않으려 겨우내 악물었을까

치통은 최선을 다해 조금 더 욱신거려도 좋을까

판탈롱

펄럭거리는 복고풍 추억의 밑단을 잘라낸다
넓은 폭을 구성하는 길이가 잘려 나간다
나팔이 사라진 나팔바지
날개가 잘려 나간 파랑새

아름다움은 폭넓은 비실용성을 구성하지만
어떤 이유가 된 부분은
파랗게 지저귀는
그 이유 때문에 잘려 나간다

유행은 세상을 한 바퀴 돌아 다시 무대 위로 불려 나오지만
가슴 두근거리는 나팔소리 잘려 나가고

잘라낼 청춘의 밑단 사라지고
녹슨 가위와 난감한 손 어쩌지 못하게 되면
날개 따위 꿈꾸지 않는
어른이 되는 것일까

자르지 않아도 빠르게 잘려 나가는 줄 모르고

길바닥 먼지를 쓸며 쏘다닌 시간
없는 밑단이 펄럭거린다

내가 반한 부분은 곧 잘려 나간다
가위를 대지 않아도 어느새 잘려 나가 있다
미처 잘리지 않은 것들은
무슨 핑계를 대서라도 기어이 잘려 나간다

간절할 것도 절절할 것도 없는 저녁은
가장 아름다운 소절이 잘려 나간 후 비로소
노래가 되는 것일까

만화소녀시대

밤의 발신자가 집배원을 기다린다

우체통 앞에 서 있는 아침의 나는 저녁의 내가 아니어서
이건 만화일 거야 현실이 아닐 거야
지난밤의 나를 후회하는 아침의 나는

우체통 깊숙이 밀어 넣은 파릇한 주파수,
지난밤의 감정을 회수하고 만다

지난밤이 아침을 후회할 날 있을까
삼엄한 낮의 파수꾼이 지키는 열일곱 살 여름
밤마다 투항하듯 편지를 쓴다

제발 나를 다른 세계로 데려다 주서요
그렇게만 해준다면, 오, 제발

말풍선 안에서 수시로 변하는 감정들
아침저녁 변하는 제 감정 하나도 모르면서
써 내려가는 것일까
언제까지 변치 않을 성급한 맹세

〈
아침에 읽어보면 얼굴이 녹아 흐르는
밤들은 모두 어디로 갈까
우체통에서 거두어 온 나른한 오후는 어디로 갈까

순정과 명랑의 장르를 오가며
밤과 발랄을 제각기 다른 온도에서 뒤섞다가
제풀에 지쳐 고요해지기를 반복하는
미완성 울음들, 나는
날마다 나를 회수한다

얼굴 없는 수신인이 망명한 너머가 사라지고
저녁의 감정과 아침의 감정이
일관성 있게 고요한 날들이 오기는 올까

다른 세계로 떠나게 해달라고 간절하게 편지를 쓰던 날들
편지를 쓰고 회수하는 것으로 보낸 여름방학

한 발도 다른 세계로 떠나지 못한

그 서툰 날들을 언제 떠나왔을까 놀라며
자다 깨어 문득 낯선 날들이 올 줄

불발의 망명자가 되어
얼음이 된 말의 지층을 발굴하게 될 줄
녹슨 말의 파편들 띄엄띄엄
맞추어 보는 날들이 올 줄

기나긴 만화소녀시대가 끝나는 날이 올 줄
왜 모를까 왜 모른 척하는 것일까

아침은 맑음, 오후는 모르겠어요

어느새 바람이 몰고 나갔을까요
북쪽 하늘에 어린 말풍선들이 몰려다녀요
바람목동이 그 뒤를 따라다니는군요

혼자 떠 있는 말풍선은 언제 저렇게 육중해졌을까요
얼마나 무거운 말을 담고 있는지
느릿느릿 힘겹게 몸을 움직이는군요

조만간 말들이 수직으로 내리꽂히겠어요
가닥가닥 나누어 한나절 깊어지겠어요

빈 말풍선에 아무도 다치지 않을 혼잣말을 그려 넣기로 해요
누군가 엿들을까요

말풍선을 그리는 허풍선이라고 내가 말했던가요?

쏟아질 때 쏟아지더라도
긴 말들의 전생은 가벼운 말풍선에서 시작하지요
〈

아름다운 우리나라 비가 내려요
떠오르는 대로 아무 말이나 그려 넣어요
날씨로 시작하기로 해요
날씨는 무난하게 실화를 만화로 끌고 가요
내일은 비가 쏟아져요

나도 한바탕 쏟아져야 해요
못 다 쓴 월차를 내고 베개를 적시고 엎어져야 해요
공중에 머무를 만큼 가볍지 않아
모서리가 사라지고 뭉툭한 나를 길게 나누어야 해요
잠시 가늘고 뾰족해지지만
그건 작은 틈에 간절히 스며들기 위해서지요

하루에도 몇 번씩 오가요
가벼움과 맑음 사이, 무거움과 흐림 사이
가벼움과 흐림 사이, 무거움과 맑음 사이

임대, 우울의 아름다운 추경예산
공공재가 된 역병의 모자
수평선에 걸린 광고탑의 공익광고

광택이 죽어 있는 꽃무늬 접시

갈기가 듬성듬성 남은 말들을 그려 넣다가 지워요
빈 말풍선이 오늘 아침에 어울려요
가볍게 더 가볍게 빈 말풍선을 날려요

양 떼로 변신한 말풍선이 달아나기 시작하면
바람목동은 늑대로 변신할지도 몰라요

뜨거운 취미

불을 수집했어요 작은 불을 많이 모았어요
추웠거든요

어떤 불은 앙상하고, 어떤 불은 까칠했어요
어떤 불은 바다를 건너오고요

불은 왕의 부엌에서 재와 함께 종이 항아리에 담겼어요
어느 불이나 아름답고 도도했지만
그때는 불들도 가난했어요

추웠지만, 어깨를 타고 얼음개울이 흐를 만큼 추웠지만
불을 아껴두었어요
함부로 쓰기에 불은 소중하니까요

불을 작은 종이의 방에 재웠어요
깨어 있으려는 불을 잠재우는 일은 만만치 않았지만
불은 침대도 없이 몸을 붙이고 깊이 잤어요

나보다 더 추운 요정이 불을 일으키기 위해
어딘가 성냥갑보다 작은 방에서

젖은 나무토막을 문지르고 있을 것 같아

아주 작은 종이상자 같은 방
머리맡 물주전자에 얼음이 어는 방
쓰다듬어주는 손이 없는 방
나보다 더 마음이 추운 방에서
발가락을 오그리고 이불을 끌어당길 것 같아

불씨를 나누고 싶었어요
기꺼이 불을 나누어 주고 싶었어요

담배를 배우지 못하고
우기의 방들을 옮겨 다니는 동안 불은 눅눅해졌어요
주소가 자주 바뀌어서일까요
어느 요정도 불씨를 얻으러 오지 않았어요

제때 사용하지 않은 불은 사나워진다는
소문이 들려오고
소문을 태우며 도시에 큰불이 나곤 했어요
〈

작은 불들이 모여 큰불로 자라면 어쩌나
성냥갑 속에서 사춘기를 맞은 불들이 질풍노도를 넘어
폭발하면 어쩌나

불을 가둔 작은 감옥을 지키는 일도 싫증이 났어요
무섭기도 했어요
불타오를까 봐 터져 버릴까 봐

자꾸 달아났어요
걷잡을 수 없는 불을 피해
불의 알맹이는 버리고
불의 껍데기를 창고에 쌓아두고
얼음이 사랑받는 차가운 부엌으로 이사했어요

조심스레 건너온 시간의 재가 매워요

마음 추운 사람이 혼자 떨고 있는 방이 늘어나는데
혼신의 힘 다해 불을 나누어야 할 때가 왔는데

아궁이를 잃은 지 오래인 부엌과 부엌을 건너다니며

반환점을 언제 돌았을까요
숯이 되지 못한
불의 발화점이 아득해요

황금 밀짚 낟가리는 어디로 가서 재가 되었을까요

눈물광대

무대에 올라가면 흘러넘치는 아이
멋지게 말하려다 공연을 망치는 아이
웃기려고 눈물 나도록 노력하다가
제가 먼저 웃어버리는 아이
웃다가 그만 울음이 터져 버리는 아이
울보라는 별명 벗어보려고 애쓰다가
날마다 울 일이 생기는 아이
웃기려 애쓸 때마다 웃어버리는 아이
웃으려 애쓸수록 더 많이 울게 되는 아이
삶에 리허설은 없다는 진실을
살아보기도 전에 일찌감치 알아버린
말랑하고 다정하고 달콤한 아이
멋지게 울려다 울음을 망치는 아이

막막광대

이렇게 막살아도 좋을까요 이번 생은

아무도 웃긴 적 없는 거울 속 견습광대처럼 이를 물고
울게 돼요

일 막은 언제 지나갔을까요
이번 생은 몇 막으로 구성되어 있을까요
모르지만
내 배역은 막, 한 글자가 세로로 길게 쓰여진
막국수 간판처럼 막막해요

이번 생은 더 자주 막막해요
마치 여러 생을 살아본 것처럼
어느새 막막하고 거듭 적적하고 결국 막막해요

그림자는 적막한 그늘에서 고요히 기다리고 있는 것일
까요
무엇을 기다리는 줄도 모르고
암막이 드리워진 막막한 시간 속에서 태어났을까요
조금 더 어둡게, 조금 더 머뭇대며

〈
길은 길로 통해있다는 것을 믿었을까요
방향만 맞추어 걸었는데 막다른 길이었을까요
스며들 것처럼 막연히 납작하게 바닥에 귀를 붙이고
아무와도 얼굴 마주치지 않아도
웃기게 될 것이라고 웃게 될 것이라고
막차에 올라타듯 배역을 맡기로 했을까요

사람들은 더 부지런히 떠나고

천막을 걷고 가축 떼를 몰고 사람들이 빠른 배경음악처럼 흘러가요

메마른 막이 올라요

거대한 벽을 따라 난 막다른 길을 오래 걷는 배역
얼마나 더 걸어야 할까요

이 막막한 길을 얼마나 더 걸어야
내가 맡은 배역의 무대, 사막이라는 막이 모두 내려갈까요

〈
다른 배역이 있기나 할까요
웃기지만 않아도 된다면
이 역할은 정말 잘할 수 있어요,

눈 뜰 때마다 새로운 양막이 닫히고
잠든 사이 간신히 서막이 열려요

막과 막 사이에서 죽고
막과 막 사이에서 태어나기를 반복하다가
막과 막 사이에서 다시 깨어나지 않는 날이 오면,
아무도 웃지 않는 농담처럼

마침내 서러운 막막광대가 완성될까요

회의광대

밤마다 곡마단 나팔소리가 울릴 거야
당신이 전하는 소문마다 나는 이렇게 붙일 수 있다
그럴 리가

회의주의자답게 많은 회의에 참석하고 많은 회의를 회의한다
사회는 왜 이렇게 많은 회의를 해야 굴러가는 것일까
눈덩이처럼 굴려 눈사람에 도착할 것도 아니면서
회의주의자는 회의와 사회에 동시에 불참하고
그럴 리가

멸종위기에 놓인 사회성은 단독자를 허용할 수 없어
심심한 입을 불러 모아 스위치 없는 마이크 하나 들려주고
다음의 말을 반복한다
그럴 리가

침묵의 마이크가 말 없는 사회를 본다
사회를 본다고 사회가 보이는 것은 아니지만
사회를 보려 애쓸수록 안개가 짙어지지만

그럴 리가

오늘도 사회와 배다른 회사의 회의 앞에서
같은 핏줄을 가진 관계는 긍정과 회의를 거듭하고
같은 어머니에게서 다른 이데올로기가 태어나듯
같은 아버지에게서 다른 종교가 태어나듯, 추락하는 것들은
그물이 필요하므로
그렇구나, 아니 그럴 리가

위험한 곡예가 안전하게 거듭되지만
고개를 끄덕이는 사랑스러운 희망은

반짝이는 구두로 세계의 정강이를 걸어찬다

위임광대

1
중요할 것 없어 더없이 중요한 약속이 생기지
위임할게요 바쁜 척, 유쾌하게

전체 의견에 따르겠어요
의견 없는 것도 의견
대세에 따르는 것으로 의사정족수를 채우지

줄줄이 위임된 안건들과 나란히 몸을 웅크리지
아늑한 상자 속에 누워

위임으로 참석을 대신하는
위임으로 직접 참석한다고 가볍게 날아와 착지하는
외톨이 고양이
스스로 생을 결정한다고 착각하지

사다리와 물고기와 양지바른 남쪽 툇마루가
필요한데
위임은 옆길과 샛길에 핀 꽃들과 해찰하지

회의는 꼬리가 가고 싶지 않은 방향으로

최선을 다해 수염을 곤두세우고

위임은 소리 없이 사나운 짐승답게
얼굴을 잡아먹고 눈을 잡아먹고 목을 잡아먹고
목소리를 잡아먹지

대세를 따르는 동안 의자는 모자라고
사다리와 물고기를 어떻게 발음하는지, 더듬더듬
말더듬이 고양이가 사라지지

또 하나의 소수민족 언어가 지구상에서 소멸하지

2
  꽃은 아무도 제가 필 꽃에 불참하지 않지 꽃은 아무에게도 제가 필 꽃을 위임하지 않지 아무리 목소리 작은 꽃도 제 꽃 제가 피우지 누구 눈치도 안 보고 손 들지 누가 뭐래도 제 색깔 펼치지 꽃은 제 권리를 벌 나비와 나누지 제 의무를 흙에게 다하지 해를 제 방식대로 해석하지 꽃들로 꽃밭 의회는 해마다 만원이지 꽃밭에 귀를 기울이면 꽃의 향기로 쓰인 회의록을 읽을 수 있지

3부

환하고 말랑말랑한

소녀들이 소풍을 가요

  자전거를 타고 소풍을 가요 챙이 큰 흰 모자를 쓰고 소풍을 가요 김밥을 싸고 흰 운동화를 신고 자전거를 타고 소녀들이 소풍을 가요 어떻게 아이가 생기는지 모르면서 아이를 품은 소녀가 소풍을 가요 돗자리에 둘둘 말린 소녀가 소풍을 가요 날아오는 돌에 멍이 든 소녀가 소풍을 가요 어제저녁 엄마 제사상을 직접 차린 소녀가 소풍을 가요 내일이면 야반도주할 엄마가 싸준 도시락을 싣고 소풍을 가요 의자와 침대에 앉아 제각기 따로 첫날밤을 보내게 될 소녀가 소풍을 가요 산을 넘고 강을 건너 바다를 건너 소풍을 가요 아무도 소녀들을 아프게 할 수 없는 땅으로 소녀들이 소풍을 가요 소녀들에게 가장 어울리는 일은 소풍, 소녀들이 소나무 숲을 지나 염소 떼를 지나 소풍을 가요 소녀들이 소풍을 가요

무적

피리소리를 굽는다
안개 속 오래된 레시피를 따라 차려내는 식탁은 슴슴하고
시간을 거슬러 오르는 뿌리
안개 속 뱃고동 소리를 잡는 일만큼이나 아득하다

무적을 구울 줄 알아야 어른이 된다

제사 때도 잔치 때도 무적을 굽는다
귀신을 대접하는 데는 무가 제일이다
믿거나 말거나 무는 무
무의 세계는 손 있는 날 없어
어둠 속에서 눈 감고 살아
무료한 시간 죄짓지 않는 시간

산 사람을 대접하는 데도 무가 제일인지 모르지만
너도나도 어쩌지 못하는 가난한 시절
무심한 접시에 담아내는 무한대의 환대

제각기 제 어둠 속에서 무가 뿌리를 키우는 시간
아무 색도 입지 않은
아무도 무시할 수 없는 무심한 무의 세계

〈
무적이라 발음하면 안개 속에서 들려오는 만파식적
저 너머 은둔하는 무한의 세계

무밭을 천년의 시간을 기르는 바다라고 착각하거나
비너스처럼 바다로부터 솟아 나오는 흰 무들을 상상한다
이 심심한 상상은
가을볕에 무밭을 가꾸던 비탈진 가계에서 자라났기 때문

어진 사람은 적이 없단다
우는 나를 달래는 할머니 무릎에서 억울한 일이 잊혀진다
무적 한 조각이면

글자를 알면 팔자가 사나워진단다 할아버지에게 글자를 배우다 만 할머니는
옳은 말만 한다 무적을 잘 굽는 할머니는
끝내 글자를 모르고 무릉도원 바깥 비탈이 된 할머니는
돌아가신 지 백 년이 채 되지 않는데
할머니 밑으로 태어난 사람이 백 명이 넘는다
그건 모두 할머니가 이야기를 잘하는 대신 글자를 몰랐기 때문

〈
없는 적은 아무도 해치지 않는다
할머니의 무밭에서 반쪽이 이야기가 자라나고
첫날밤 빗자루도깨비를 이불에 눕힌 신랑이 술에서 깨어나고
반쪽이의 나머지 반쪽은 어떻게 되었을까
도깨비신부는 그 후 어떻게 되었을까
무적함대와 해적과 여왕으로 구성되는
나의 상상과 할머니의 이야기는 시루떡처럼 층층이 겹쳐지고

무슨 옛이야기를 하든, 무는 어느 색에도 물들지 않고
아무것도 아니든, 아무것이든 무는
이야기를 좋아하는 귀가 큰 세계
참 심심해서 상상 말고는 할 것이 없는 세계
내가 사는 세계와 비슷하다

길게 뿌리내린 큰 무는 돼지 같고
작은 무는 생쥐, 컴퓨터 마우스 같다
손아귀에 무를 잡고 무를 움직여 심심한 무채색의 세계를 검색한다

무사하거나 무료한 무의 세계
무관심이 미덕이 된 지 오래인 무시무시한 세계

이 밀리미터 두께로 가늠하는 무덤덤,
둥글게 도막 나는 무색무취의 어둠, 끓는 소금물에 살짝 데쳐낸 무료,
밀가루 반죽에 담근 무장무장, 들기름이 지글거리는
프라이팬 위의 무서리, 중불에서 뒤집어지는 사무사,
타기 전에 불을 끄면

무가 무늬를 둥글게 펼쳐 무적자로 오래 떠돈 무명을 맞이한다
뜨거운 피리소리를 맛볼 시간,
파 마늘 고춧가루 식초가 든
양념간장에 찍으면 넓은 소매 흰 도포자락 한량무 맛이 난다

사람마다 저마다의 무아지경이 있다

올리브 vs 올리브

  바람의 형상을 다듬는다 가지런히 묶인 푸른 시간 한 다발, 손과 손을 거치는 동안 지레 풀죽지 않아도 좋았을까 풀어헤친 초록의 전후 가늠하고, 벌레 먹은 바깥 골라내고, 마음의 소맷부리 지푸라기 뜯어내고, 잎과 잎 연결하는 물의 밑동, 물의 애착 미련 없이 잘라낸다 잎과 잎 사이, 잎과 뿌리 사이, 잎과 뿌리를 기른 바람소리가 칼을 통과한다 잎들은 더 이상 한 몸이 아니어서 삶의 뿌리와 잎의 어둠, 그 경계선을 정확히 긁고 앓던 혀, 경계선 사이 숨은 모래알 더 이상 내뱉지 않아도 좋을까 혀 위에 버석거리는 말 더 이상 삼키지 않아도 좋을까 한 접시로 끝나는 생이 있다 바람의 늑골에 젓가락을 들이민다 바람의 내부 속속들이 시시비비 삼키기에도 시시콜콜 뱉기에도 늦어버린 목소리가 있다 어떤 만화는 어린 채소에 모순을 새긴다 도와줘요 뽀빠이

사슴뿔선인장

우리는 서로를 찌르며 놀아요
말없이 잘도 놀아요
오늘 당신은 나를 찌르며 놀고 나는 찔린 가시를 뽑으며 놀아요
뽑으려 하면 할수록 가시가 더 깊이 들어가요
그래도 가시를 뽑아요
놀이의 규칙을 지켜요

내 귀는 가시의 묘지, 나날이 가시무덤이 늘어나요

놀이에 지치면
서로의 가시를 쓰다듬어요
가시가 고양이처럼 갸르릉거려요
눈을 동그랗게 뜬 가시의 꼬리가 동그랗게 말려 올라가요

가시만 한 상냥한 꼬리가 있을까요

가시의 안부가 도착해요
가시 안테나가 더듬더듬 붉은 신호를 읽어요

가시가 가시를 내밀어 가시를 읽어요
가시가 없는 말은 무심하고
가시가 없는 관계는 깊이를 몰라
세계의 표면을 겉돌아요

가시는 많은 말의 세계에 살지만
깊고 얕은 가시의 세계에서 말은 서로를 숨겨요
말을 하면 할수록 서로를 모르게 돼요
말을 하면 혀가 꼬이고 안과 밖이 꼬이고 세계가 꼬여요
말은 오해를 위해 존재하는 것일까요
가시가 오만과 오류의 신호를 읽어요

가시만 한 친절한 더듬이가 있을까요

우리는 찌르고 스미며 피를 나누는 사이,

혀를 내밀어 서로의 가시를 맛보지요
우리는 걷는 식물과 뿌리 내린 동물,
당신의 모순을 사랑해요
당신도 나의 모순을 사랑하는지 알 수 없어 나는

〈
기어이 한 방울 피맛을 보고
그 사이 화분은 뿌리 한 뼘 더 자랐어요

달려라 하니

맥도널드 드라이브 스루에서
시그니처 햄버거와 아메리카노 세트 주문하지
콜라 그란데 한 잔 추가

어제는 버거킹 드라이브 스루에서
치즈 콰트르 모닝세트 주문하고
내일은 켄터키 드라이브 스루에서
닭 날개 튀김 세 쪽 주문하지

백 년 전에는 투 썸 플레이스에서 크로크 무슈
백 년 후에는 엔젤 인 어스에서 베이컨 에그 샌드위치

어떤 주문으로도 풀 수 없는 마법의 질주
이것을 형벌이라고 말해야 하나

한 손에 핸들 쥐고 나머지 한 손이
식탁도 접시도 수저도 없이
종이에 싼 감자튀김 주섬주섬 푸는데

푸른 그릇 밖으로 흰 밥 흐드러진

이팝나무 가로수길 달리며
마른 입에 햄버거 한 입 무는데

저런, 저런, 또 머슴밥이구나
먹는 일보다 바쁜 게 뭐가 있다고
이제는 없는 엄마 목소리가 쯧쯧, 혀를 찬다

죽은 지 오래된 엄마는 몰라도 너무 모른다

먹는 일보다 바쁜 일이 얼마나 많은지
앞으로 얼마나 더 달리며 먹어야 하는지

버뮤다 제라늄

배도 비행기도 빨려 들어가는 삼각해역, 한때
벽이었던 파도였던
사차원의 입구가 열린다
수많은 얇고 향기로운 입구들

삼차원에서 조금 더 놀다 가기로 했을까
내가 사랑한 사람 몇
그곳을 통해 다른 차원으로 이동할 때
대열을 이탈했을까
한쪽 발만 몰래 빠져나왔을까

혼자 남은 삼차원의 세계는
재미있다 못해 외롭고 슬프고 심지어 고통스럽지만
아름다운 것이 너무 많아
이 아름다움 차마 홀로 볼 수 없지만

사람들은 단박에 알아차린다
아무리 숨겨도
나의 한쪽 발이 다른 차원에 걸려있다는 것
〈

사람들은 기꺼이 오해한다
자주 절름거리고 비틀거리는 나의 고독을
춤이라고

다 춰, 더 춰, 더 춰, 영혼 없는 박수소리에
고독을 에너지로 쓰기 시작했을까

제 열정을 이기지 못하는 광대
이 우스꽝스러운 춤 그칠 수가 없다
박수소리의 환영 속에서
춤추고 춤추고 또 춤추고
춤추고 춤추다 쓰러질 때까지

허리케인 회오리처 피어나는 꽃의 해역에서
세상의 아름다움은 모두 병이 된다

독거소녀 삐삐

늦은 밤 골목을 돌며 논다 노인이 리어카를 끌며 논다 불 꺼진 빈 상자를 펼치며 납작납작 논다 비탈진 오르막을 밀며 비틀비틀 논다 노세 노세 노동요를 노새처럼 끌며 논다

노래하는 새들이 노인을 놀리며 논다 밥이 노인을 차리며 논다 노는 입이 거미줄을 치며 논다 이 빠진 노래가 노인을 읊조리며 논다 흘러간 앨범 속 파노라마가 노인을 펼치며 논다 슬픈 일 기쁜 일 아픈 일이 노인을 논다

시간과 잘 노는 사람, 시간을 잘 놀려야 하는 사람, 지나간 시간을 천천히 되새김질하는 사람, 시간이 날 때마다 병원놀이를 하는 사람, 병과 정들어 병원놀이도 마음대로 못하는 사람, 노을이 깊어 놀 일이 바쁜 사람

노인이 가장 잘하는 놀이 기다리는 놀이, 기약 없이 하염없이 바쁜 놀이, 한가해서 더 바쁜 놀이, 노인이 논다 오지 않는 뼈와 살을 기다리며 논다 미처 오지 않은 먼 바깥을 기다리며 논다

초승달편의점

저녁을 거른 눈이 내려온다 이 마디에서는
배고픈 입을 다문 채 허밍으로

배고프니 배고프니, 굶었다고 말하면 누군가
그렇지 않아도 울고 싶은 몸을
동정할까 봐
그렇지 않아도 울고 싶은 귀가
모래를 걸러 사금을 고르듯
저녁을 걸러내고 발 디딜 음표를 골라낸다

소리가 상현일 때 떠도는 도돌이표

다시 열정적으로 크레센도, 점점 더 크게
크루아상에 치즈를 얹고 베이컨을 얹고
겨자소스를 얹고
싱싱한 양상추를 듬뿍 얹는다

기름진 상상을 악보에 더하는 것은 죄가 될까
다리를 크게 벌려 건너뛰는 작은 물길 같은 것이
상자의 우울이어도 좋겠다고

〈
건너뛴 얼음 위로 차가운 음표들이 불려 나오고
저녁을 건너뛴 눈이 낮은음자리표 위에 냉정한 기호를 그린다
처음으로 돌아가서요 소심한 달세뇨

걸러낸 모래더미 위로 피아노에서 달빛이 쏟아져 나오고
밤새 환하게 불 켜진 달의 머나먼
신장개업 간판 위에 낮게 편곡된 눈이 쌓인다

그 불빛을 길잡이 삼아 허밍 허밍
호흡을 가다듬고 상표가 없는 달을 뜯어먹어도 될까
비만한 말에 허기진 복화술사가 속삭인다

아무도 배고픈 시절 아니지만
모두가 배고픈 시절
언제라도 간편하게 뜯어먹을 빵 넘쳐나는데
포만이 죄가 되는 시절

만월의 치팅데이를 기다리는 달의 여신 다이애나도

반복해서 다이어트에 실패하는 것일까

몇 번을 도돌이해도 피네가 오지 않는
반복의 돌림노래 누가 먼저 부르기 시작했을까

반상회 508

언제 빗질을 했을까 백 년 동안 잠자는 공주가 부스스 새집 지은 머리로 걸어 들어온다 깨어 있는 것처럼 보이지만 깊이 잠들어 있다 마을이 불면에 시달리는 것은 공주가 다른 사람 몫의 잠까지 모두 자기 때문이다

독재자의 아내 노릇에 싫증 난다 신데렐라가 이천 켤레의 구두를 당근과 번개시장에 내놓는다 호박마차에 싫증 난 신데렐라는 운전면허를 딴다 쌀 사러 갑니다 초보운전 스티커를 뒷유리에 붙이고 도로주행 연수 중

야수의 아내가 중고시장에서 발견한 유리구두를 신고 들어온다 신데렐라의 유리구두는 유효기간이 없다 다만 싫증 날 뿐이다 야수의 아내 벨르는 모든 사물의 말을 통역하는 습관이 있다 찻주전자의 말, 찻잔의 말, 촛불의 말에 능통하다 달의 말, 새의 말을 새로 배우기 시작했다

정형외과 순례 중이다 칼로 저미듯 발이 아프다 목소리를 기회비용으로 지불하고 얻은 다리로 갈 곳이 병원뿐이다 왕자는 목소리 예쁜 여자와 사랑에 빠진다 제 목소리를 제 목소리라 말하지 못하는 인어공주, 살이 밝아 물거

품이 되기 좋은 밤이다

 황금공을 가진 공주는 무엇이든 집어 던진다 홧김에 집어 던진 개구리가 왕자로 변신한 후, 성안에 성한 물건이 남아나지 않는다 딩동, 벨이 울린다 홈쇼핑 채널에서 주문한 올챙이 가득한 우물이 배달된다 곧 집어던지기 좋은 개구리들이 뛰어다닐 것이다

 그리운 일곱 광부 친구들은 곡괭이를 내던지고 다른 별로 일자리를 찾아 떠났다 사과라면 고개를 가로로 내젓는다 쓰라린 날들이 떠오른다 백설공주가 마법창고를 뒤져 계모의 물건을 정리한다 말하는 거울을 이베이 인터넷 경매에 내놓는다

 거울아 거울아 이 세상에서 누가 제일 배고프냐 거울 속에서 목소리가 굵고 토하기를 반복한다 피오나 공주는 해가 지면 마법이 풀린다 금얼굴은 내 얼굴이 아니오 은얼굴은 내 얼굴이 아니오 구리얼굴은 내 얼굴이 아니오 그렇다고 거식증에 걸린 흙얼굴이 내 얼굴은 아니오

반상회 401

 우는 것보다 싸우는 것이 낫다 모든 살아 있는 것들에게는 저마다 총량의 전쟁이 있다 아차산 전투에서 아차, 온달이 떠난 후, 평강은 생활전선에서 백전백패 중이다 보험회사에 이력서를 넣고 면접을 기다린다

 아버지 오구대왕을 위해 약을 구하는 중이다 바리데기, 어느 집안이나 싹수 있는 딸이 하나씩은 꼭 있다 눈 밑 눈물자국 거뭇한 이국의 새댁, 바리데기에게 이곳이 동방의 서천 서역이다 병들고 가난한 왕을 위해 죽음을 무릅쓴 용감한 딸, 아는 사람은 다 안다

 찢어진 북과 갈 곳 없는 북소리를 잇는다 삐뚤삐뚤 낙랑이 퀼트에 입문한다 찢어진 등과 찢어진 가슴, 깁고 누빈다고 사랑의 상처가 모두 무늬가 되는 것은 아니다 자명고는 가위 앞에 울지 않는다 아비는 찢기 좋은 북,

 마동의 노래에 홀려 국경을 넘는다 왕비가 된 선화, 후일담은 거의 알려진 바 없다 미스트롯 예선에 얼굴 비친 적 있다는 소문이다 확인된 바 없다 삼 개월째 불참이다 예나 지금이나 노래는 강력한 유혹,

〈

　역신은 떠난 지 오래, 남편 이름을 돌에 새긴 처용 아내는 이름이 없다 공주인지 여염 아낙인지 알 수 없다 이방인을 불멸의 시인으로 만든 죄로, 서벌 밝기 달에 홀린 죄로, 어쩔 수 없이 이름 없는 뮤즈이다

후크선장

무엇이든 다 걸 수 있습니다 가방도 상장도 가족사진도 보물상자도

선장이 자신만만하게 지하철 벽에 매달린다
갈고리가 선장을 받아 건다

가방 변신도 쉽지 않군

지퍼이빨 피터 팬이 한마디 거들지만
호언장담이 미처 끝나기도 전에 갈고리에서 떨어지는 둔탁한 비명

제발 붙어 있어 한 세트 팔릴 때까지만이라도

웬디의 간절한 목소리를 삼킨다

무수한 멍 위에 다시 멍이 들어앉는 생의 옆구리, 욱신거린다

어쩌다 육지에 난파한 것일까

어쩌다 갈고리의 세계에 입문한 것일까
어쩌다 흔들리는 지하철 벽에 삶을 매달게 되었을까

생을 갈고리에 걸고
죽을힘을 다해 매달린 시간도 있었을까
그때마다 갈고리가 그를 사정없이
바닥에 패대기쳤을까
믿을 만한 접착제가 모자라 불량이었을까
번번이 떨어지면서도
갈고리에 매달리는 것 말고는 다른 방법 알지 못했을까

허리케인과 삼각파도를 넘어, 난바다를 넘어
날마다 가방을 갈고리에 매다는 삶이 있다
날마다 불량 접착제에 가슴팍을 내주는 삶이 있다

허공에 매달리는 갈고리
바닷물에 잠기는 갈고리

마음만 먹으면 언제라도 공중에 머무는 봄꿈은 짧아
꿈에서 깨어난 것들은

네버랜드, 어딘가 매달릴 곳이 있어야 하는 것일까

때맞춰 달려온 중력의 이안류가
화들짝 자유낙하 하는 선장의 갈고리에 걸린다

사포

　음악을 망치고, 우울을 술 먹이고, 돌을 낳고, 어른을 기르고, 물 젖은 접시를 깬다 복잡한 관계들에 간단한 대답들을 남기고, 아무도 듣지 않는 강의를 하고, 꽃 피기 전에 시든 산문을 쓴다 냉장고가 끓어 넘치고, 언제 바다를 떠나왔는지 알 수 없는 물고기 지느러미가 썩어간다

　남는 시간에 녹슨 달을 모래로 문지르고, 길 잃고 때 묻은 별의 얼굴을 닦아 제 별자리로 돌려보낸다 고집 센 강물을 밧줄로 묶어 끌어오고, 불면의 바람을 잠재우고, 바늘에 실바람을 꿰어 산산조각 난 얼음호수를 깁는다 자비심 없는 시간의 파편에 손금이 찢기고, 당의정을 벗겨낸 말의 쓰디쓴 송곳에 심장이 찔린다

　불경과 불화의 나날들, 불발이 불이 되었을까 눈물이 물이 되었을까 한숨이 숨이 되었을까 내가 나와 화해하는 밤이 올까 슬픔의 인질, 울화의 볼모, 불안의 하녀, 다만 성실하게 이번 생에 복무하고 싶을 뿐인데, 어쩌다 불온한 잠이 선물이 되었을까 어쩌다 세계의 불협화음과 허드레 불편이 내 편이 되었을까

사십 계단에서 훔쳐 온 사과

사과들이 계단을 굴러내려간다
부산타워에서 산복도로로 북항 해변으로

깊어지기 전에 좀 웃어요
바닥이 없는 입술들이 서쪽으로 흘러간다

수십 개가 한꺼번에 굴러떨어지는 엑스트라들
굴러 내려가는 배역을 맡은 사과들
낱낱의 인지도는 떨어지지만
함께 굴러떨어지는 역할은 유쾌하다

감독의 지시에 따라
가파른 이마를 맞대며 통과하는,
계단을 오르는 사과나무 그림자와
계단을 내려가는 사과나무 그림자

사과에 얼마나 많은 스펙트럼이 있는지
입은 얼마나 고통스럽게 입꼬리를 치켜올릴 수 있는지
알아보기 위한 탐구인 것처럼
흰 건반과 검은 건반을 번갈아 꺼내며
빛에서 어둠으로 자리를 옮기는 계단들

열심히 굴러떨어지는 흑백의 사과들

어둠의 내부가 빛의 외부로 이어지고
뫼비우스의 것은 뫼비우스에게 돌려주어도 좋을
명도가 낮아지는 밤과
명도가 낮아지는 그림자
하양과 검정으로 얼버무릴 수 없는 시간의 나무상자에서
쏟아지는 사과들

머리가 사라지고
목이 사라지고 목숨이, 가슴이 사라지고
허리가 사라지고
사과의 무수한 발은 나타나지도 못하고
빛 속으로 사라진다

빛과 그림자가 어긋나는 흑백 계단 아래로
몸과 그림자의 경계를 지우며
치밀한 사과들 허공을 향해 굴러 올라간다

감독의 바깥에 사과를 훔치는 마법사가 산다

검은 모자를 쓴 책상

    불은 먼 곳에 있을 것이다 바람은 희고 거대할 것이다 재는 단단하게 묶여 있을 것이다 하늘은 깊이 가라앉을 것이다 숲은 완강하게 입을 다물 것이다 어둠이 저마다의 문을 노크할 것이다 몸이 아래로 빨려 들어갈 것이다 시험이 끝나지 않을 것이다 대각선이 늪을 관통할 것이다 슬픔이 빠르게 바닥을 빨아먹을 것이다 그림자의 등이 구겨지고 거대한 술잔이 빌 것이다 무릎이 서쪽에 깊이 빠질 것이다 모든 잎은 입술을 다물 것이다 손이 귀를 모아 내부를 들을 것이다 처음부터 나는 쉬워 보일 것이다 바깥은 갈수록 어려워질 것이다 숨은 문제들이 끌려 나올 것이다 끝까지 아무도 고개를 들지 않을 것이다 마음이 서랍에 갇힐 것이다 언제 그런 일이 있었느냐는 듯, 열쇠는 다시 시치미 뗄 것이다

십자뜨기

 내 손을 잡아 몸에 힘을 빼 떠 있어야 해 손을 놓지 말아야 해 파도가 출렁이면 파도를 타고 바람이 불면 바람을 타고 해가 따가우면 눈을 감아 구조대는 오지 않을 거야 안심이야 눈을 감아도 네가 보여 안심해 내가 옆에 있을 테니 다행이야 손바닥에 네 체온이 느껴져 다행이야 손 잡고 내 체온을 보태줄게

 다행이야 삶과 몸 말고는 믿지 않게 되어 다행이야 어떤 학교도 정치도 종교도 이념도 우리에게 요구하지 않을 거야 어떤 교칙도 국법도 의무도 전쟁도 우리에게 강요하지 않을 거야 우리는 어떤 세계에서라도 살아 있으면 되는 거야 적의 나라에서라도, 괴물의 세계에서라도,

 살아 있어다오 기도하는 목소리 우는 목소리 들려 나 여기 있어요 목이 터지도록 외치지만 안 들리나 봐 들을 수 없을 거야 그 목소리는 다른 세계에 있으니까 너는 나의 세계에 함께 있어 주겠지 나는 너의 세계를 손잡고 있을 거야 영원히 그리고 성실히 너를 떠돌 거야 더 이상 침몰하지 않는 세상에 닿을 때까지

목련 부메랑

저 유성은
누구의 그늘로 떨어지려는 것일까

저녁을 길게 그으며 사라진 봄날이
반짝 돌아와
목련 가지를 휘감는다

포물선을 그리며 우주를 크게 한 바퀴 돌아오는
날 선 말의 부리

돌아오다가 불타오르는 말의 입술
소멸되다 남은 별의 조사弔詞

채 빛날 기회도 없이 떠난
별의 죽음을 애도하는 꽃들 다시 피어나
밤길 온통 희다

별의 기일 해마다 돌아와
나무의 목덜미에 치명상을 입히는 저 말의 빛
〈

정작 무서운 말은
무심코 던진 무심한 말
언젠가 돌아와 영혼의 뒷목을 휘감을
환하고 말랑말랑한 말

잿빛 벽을 배경으로
흰 마스크를 쓴
꽃 그림자 길게 나부낀다

숨도둑

화요일은 숨을 훔치기 좋은 날, 지휘자의 손끝에서
숨을 훔쳐요

이 화사한 생은 당연한 것이 없어요
숨을 불어 넣은 생명은 기적이고요
내가 부르는 노래는 축복이고요

숨도 연습해야 잘 쉴 수 있는 나는
얕은 숨을 숨기려 애쓰지만 곧 들키고 말아요
짧은 숨을 들키지 않으려 애쓰지만 곧 들키고 말아요

나의 들숨을 내가 훔쳐도 부끄러움이 되는 시간
나의 날숨을 내가 훔쳐도 죄가 되는 시간
도둑숨은 부끄러움과 죄책감을 가르쳐요

숨에도 무늬가 있다면
숨에도 색깔이 있다면
내가 숨 쉬는 부끄러움은 어떤 색깔일까요
나를 숨 막히게 하는 죄는 어떤 무늬일까요
〈

들숨 날숨 숨찬 삶의 무대
낭만 없이 혁명 없이 어떤 무늬를 채워야 할까요
대책 없는 목숨의 페르마타는 어떤 색깔로 노래할까요

신의 지휘봉 끝에서 피어나는 화창한 불협화음,
마지막 마디가 끝나면, 쉼표는
그 어느 음표보다 아름답게 소리 낼 수 있을까요
그 어느 음표보다 아프게 고요할 수 있을까요

노래가 강당을 빠져나가요
이 심호흡과 이 한숨은 어느 숲을 건너갈까요

내 몫이 아닌 목숨을 훔친 것 같아
도둑숨을 쉴 때마다, 이 아름다운 별에게 미안해요

눈의 결정을 뜨개질하는 소녀들

흰 단발머리 찰랑거리며
뜨개실을 코바늘에 걸어 올리는 소녀들
곱은 손가락 호호 불어가며
눈의 결정을 짜는 소녀들

파란 물속을 헤엄치는 작은 지느러미처럼
하얀 실을 매끄럽게 끌고 밀며
재바르게 움직이는 유선형 손끝을 지나
무릎 위에 수북이 쌓이는 눈꽃 도일리

모자라면 어쩌지
봄에 짜놓은 눈의 결정은 여름이면 녹아버려
눈의 잔고는 아무리 많아도 모자라고
한 번씩 폭설도 필요하니까
빨라지는 손놀림 틈틈이
눈대중으로 가늠하는 눈무더기

겨울이 길어지면 근심이 길어진다
사용할 눈의 결정이 부족하면 안 되니까
어딘가에서 눈을 빌려올 수도 없으니까

〈
버려도 좋은 지상의 습관 버리지 못해
끌고 다니는 근심들

큰 구름이 무상으로 개발도상국에 나눠주던 자선의 함박눈은 옛말
자국 시민에게 나눠줄 눈도 모자란다고 엄살이라는데

이제 우리도 선진국이니 눈을 나누어야 해
잘 부푼 식빵을 나누듯
속닥속닥 속삭이는 저기 저 위 구름 위

오래전 지상의 소녀들
코바늘이 끌어 올리는 눈의 코를 보기 위해
콧등에 돋보기를 낀 소녀들
저 아래 지상의 얼룩을 잠시 덮어주기 위해 부지런히 뜨개질하는

한 번도 늙어 본 적 없는 소녀들
〈

저 위 높고 먼 곳에서 콧등 위로 안경을 추켜올리며
놓친 코가 없는지 꼼꼼히
눈의 결정을 들여다보는 소녀들

4부

놀이의 각도

혼자 살아요

고양이처럼 사뿐 책장 위로 뛰어 올라갈 수 있나요
고슴도치처럼 가시를 세울 수 있나요
강아지처럼 발랑 배를 뒤집고 오줌을 잘금거릴 수 있나요
이구아나처럼 천천히 초록일 수 있나요
비단뱀처럼 사랑하는 오늘의 목을 칭칭 조일 수 있나요
거북이처럼 꾸준히 느린 척할 수 있나요
두 발을 화분에 심고 푸른 자세로 벌설 수 있나요
달팽이가 손등과 팔을 갉아 먹어도 모른 척할 수 있나요
나무늘보가 수학시험 답안지를 꽃그림으로 채워도
말대답 심한 선인장이 다리를 팔아 꼬리지느러미를 사도
반달곰이 보름달 아파트를 열기구 풍선과 바꾸어도
말없이 웃는 얼굴로 끄덕일 수 있나요
토끼는 어디에서 쫑긋 눈이 붉어질 수 있을까요
유효기간이 지나서가 아니라면 면접이 어려워서일까요
늑대와 여우가 반려애인에서 퇴출되고 있어요

지구력

지구에 살려면 있어야 하는 힘
지구를 지구답게 만드는 힘
지구가 지구 말고 다른 아무것도 아니게 만드는 힘

혼자 있는 사람이 지구 끝까지 가기 위해 필요한 힘
지구에 사는 사람들이 힘을
합할수록 커지는 힘

지구인 자격증, 지구인 신분증 혹은 지구인 인증서를
유지하기 위해
이따금 들르는 간이역

자주 도망치고 자주 숨어버리는 내가
이 행성에 꾸역꾸역 머무는 안간힘
선로도 역사도 차표도 예매도 출발도 배웅도 없는
지구역

여전히 지구가 낯선 내가
수시로 편집되는 내가
지구를 떠나 우주의 히치하이커가 되고 싶은 내가

〈
지구에 붙어있기 위해 챙겨야 하는 만년력
달력도 태양력도 아닌 지구력

무희들

피리소리에 맞춰 쉬지 않고 밤새도록 춤추는 걸까요
아침 무밭을 지나갈 때면 푸른 피리소리가 들려요
싱싱한 무청들이 사방으로 뻗은 넓은 무밭
푸른 머리칼 무희들이 쓰러진 채 잠들어 있어요
술도 없이 춤추는 무들의 성인식 잔치였을까요
바람이 살짝 건드리기만 해도 벌떡 일어나 못다 춘
춤을 다시 출 것 같아요 해가 뜨면 쓰러져 잠드는
것들은 대체로 물을 좋아하고요 밤새 춤추는 것들은
달이 특별히 편애하는 것들이고요 무청 머리채를
위아래 좌우로 흔들며 언제라도 다시 춤출 준비가
되어 있지만, 땅속으로 한번 빨려 들어간 무는
사람 손 없이는 다시 땅 위로 올라오지 못해요
땅 위로 올라와 춤출 기회는 일생에 한 번뿐이거든요
그래도 무는 아무도 무어라 무어라 불평하지 않아요
어떤 문은 한 번도 안 열리고 계속 닫혀 있기도 해요
수런수런 찬 바람 불기 시작하면 무들 속닥거리지요
오늘 밤에는 누가 땅 위를 다녀오는 행운을 얻을까
땅 위로 올라갈 차례를 줄지어 서서 기다리지만
차가운 밤공기를 견딜 만큼 뿌리가 실하게 굵어야 하고
외발로 춤출 만큼 균형 잡힌 자세를 가져야 해요

초록 튀튀를 입고 달빛 아래 춤추는 밤, 파란 눈으로
무밭을 빙글빙글 도는 여우는 무의 무용담 소재이고요
여우와 무는 서로 먹고 먹히지 않아요, 무해한 관계답게
데면데면 바라보고 너무 가깝지 않아 아름다워요
무용담이 반드시 이기고 지며 비장할 필요는 없어요

신문지 놀이

청춘이 일만육천 번째 아내를 맞이한다
사람들이 손에 푸른 사과를 쥐어 준다
딛고 선 신문지가 절반으로 접힌 줄도 모르고
행간 깊숙이 망원경을 들이민다
생의 전면광고 지면 위에서 뛰고 논다

바이칼 호수를 퍼다 팔아 경제를 배우고
오늘을 담보로 내일의 별자리를 예약한다
술래 몰래 가끔 사회면 밖 먼 나라로 발을 내민다

샹그릴라를 향해 종이비행기를 접어 날리자
가슴에는 장마전선이 형성된다

늑골까지 축축한 신문지를 접을 차례다
두 발이 간신히 들어갈 정도만 남은 지면
발 위에 포개 얹힌 발의 무게가 무겁게 느껴지기까지
그리 오랜 시간이 걸리지 않는다

사과꽃이 피고 지고, 또 피고 지는 사이
구름의 사람들은 장래나 희망을 묻지 않는다

솎아낸 것들이 꽃과 풋열매만이 아니다
일찌감치 꿈을 솎아낸 풀의 시간이 길어진다

등에 아이를 둘러업고 왼팔에 아이를 안은 채
숨이 턱턱 막히는 폭염의 계단에 쭈그리고 앉는다
타다 남은 오늘이 내일의 운세를 읽는다
사과 껍질과 사과 꼭지만 남은 접시들이
불타오르는 신문지 위에 외발로 선다

날개옷을 찾아낸 아이들이 화염을 피해 달아난다
내일이 어제가 되고, 남은 오늘을 뭉친 신문지로
손자국이 묻은 창문을 문질러 닦는다
사람들이 꾸깃꾸깃한 약력을 펼쳐본다

사 분의 일, 팔 분의 일, 십육 분의 일, 그리고
순식간에 육십사 분의 일, 신문지 영토
제곱으로 면적이 줄어드는 시간의 은유,
해묵은 놀이에서 슬쩍 빠져나온 몸이
오래전에 추방당한 꿈의 대기권으로 진입한다
〈

네 귀를 팽팽하게 펼친 신문지 양탄자를 타고
한낮이 흰 접시 위에 뜨거운 금빛 액체를 들이붓는다

해바라기

골목 입구에 표면이 쭈그러진 볼록거울이 서 있다
자원봉사 교통지도 나온 초록 앞치마가 들어오고
시장바구니 달린 자전거가 달려 나가고
손녀 돌보는 마고할미 휘어진 등뼈가 비워진다
숨기 좋아하는 고양이가 할퀴고 가고
자동차 바퀴에서 튀어나온 돌멩이가 다녀가고
검은 비닐봉지가 펄럭이며 달라붙었다 떨어진다
천식을 앓는 바람의 혼잣말 중언부언 스쳐 가고
왜 이렇게 흐려, 얼굴을 비춰보며 먹구름 투덜거리고
태풍이 몰고 온 빗방울 전력투구 두드린다
속이 보이지 않는 골목의 단단한 내장 앞에서
일그러지고 찌그러지는 빛의 왜곡된 뼈,
낱낱의 아픈 기억을 다음 생이라 불러도 될까
시든 거울이 휘어진 생의 그림자를 비추고 있다

묘지지도

없어, 건너편 상점에서 사, 무덤지기의 말은 죽음의 헐벗은 표정을 닮지 않으려 무던히 애썼을까 어쩔 수 없이 닮을 수밖에 없을까 친절과 다정을 벗어버린 말 대신 회색 손짓이 가리킨다 길 건너 절반의 무채색 절반의 유채색

길 하나 건너 달라지는 것이 색뿐일까 삶과 죽음이 뒤섞인 거리, 마지막 안식은 더 정교할 수 있다는 듯, 화려한 무늬 매끈한 대리석 관, 죽음을 팔아 삶을 사는 상점은 무심하고 예의 바르다 지도 있니, 아니, 꽃집으로 가, 십 분 후 문이 열릴 거야

어디에 쓰는 거니, 게시판에 매달린 열쇠들, 점원이 대답 대신 손으로 길 건너편을 가리킨다 삶과 죽음은 길 하나를 사이에 두고 서로를 가리키는 거구나 죽음을 누가 훔쳐간다고, 죽음을 잠그는 거니, 고마워

죽음 앞에 너무 일찍 도착한 사람을 생각하면, 꽃집 앞에 일찍 도착해 문 열리기 기다리는 일쯤이야 생화와 조화가 뒤섞인 꽃집, 방수 종이와 플라스틱으로 만든 장미, 도자기로 만든 팬지, 시들지 못하는 꽃. 시드는 건 피었다

는 것, 살아있는 꽃만 시든다

 살아 있는 사람만 열쇠와 꽃에서 길 잃는다 시장에서 사랑에서 평화에서 죽음에서 길 잃는다 영원의 바깥 산책자 앞 꽃집 문이 열린다 지도 한 장, 여기, 5유로, 의외야. 묘지지도가 유료라니, 관광지도는 무료인데

뽁뽁이 Bubble Wrap

이 작은 우주 안에도 극과 적도가 있어 바람 불고
혁명이 회오리치고 있을까

엄지와 검지 사이에 힘을 주면
비닐의 작은 방에 갇힌 공기들 탈주의 꿈이
팽팽해진다

지문을 뭉개듯 촘촘히 배열된 우주를 문지르면
작은 저항 끝에
공기방울들 완두콩처럼 튀어 나간다

손끝이 짓는 작은 동작에
이토록 기쁘게 대답해 준 음악이 있었을까
공중으로 돌아가는
장조의 음표들
언제 갇혀 있었느냐는 듯 경쾌하다

공기에게 무슨 예각의 허물이 있나
거품의 소임이 끝나면
더 이상 작은 조각으로 나뉠 이유도

더 이상 갇혀 있어야 할 이유도 없는 때가 온다

깨지기 쉬운 접시들은 모른다
제 연약함을 호소하느라 바쁠 뿐
유리 멘탈을 감싸느라 얼마나 많은 공기 방울들이
층층이 겹겹이 숨죽이는지,

파손 주의, 빗금 친 유리잔 스티커가 지켜내지 못하는
슬픔을 배달하기 위해서
목숨을 보호하기 위해서
뽁뽁이로 지내는 날들이 길었다

뽁뽁이로 꼭꼭 싸주어야 할 때가 늘어난다

위험한 걸까 과민한 걸까
어떤 물목이 되어 먼 곳으로 배달되어야 하는 것일까

나와 나 사이에 잠시 완충지대가 필요한 걸까

기록되지 않은 혁명이 지나간 자리

예민한 생물이 탈피를 끝내고 빠져나간 자리
탄력 잃은 비닐 허물, 널브러진다

우수의 이차방정식

눈으로 땅을 더듬고 손으로 흙을 인수분해한다 곰족 여사제들, 첫 태양제를 올린다 허리 굽히고 몸 낮추어 드리니 굽은 등을 제물로 받으소서 미완성 포물선, 어깨와 무릎을 신의 처분에 맡긴다 태양신의 신탁을 청한다 나붓나붓 흩어져 받아 모으는 연두와 초록 말씀, 곰과 여자의 합과 곱, 쏙쏙 혹은 쑥쑥, 바구니에 쌓이는 파릇한 햇빛 볶음, 긴 동면에서 깨어난 어린 경전, 저녁 식탁의 신민들에게 불러줄 찬가, 마늘과 백일을 더하는 오래된 황금비율, 초봄의 들판 어디에도 사람이 되는 공식이 없다 비 구름 바람 어디에도 사람이 되는 해법이 없다

셀카 Selfie

마침내 자신을 향해 총구를 들이대는 대열에
합류하게 되었군요

누가 한 말일까요 낮 꿈에 이 말을 들었어요

빈약한 그림자에 어울리는
아름다운 각도를 찾는 시간들
헛되이 길이를 왜곡하는 목이 긴 시간들

자신을 피사체로 삼는 시간이 누적될수록
부끄러움이 더 많이 찍혀요
부끄러움을 감추려고
토끼 귀를 머리 위에 올려붙이는 장난을 쳐요

다른 사람의 눈에 숨길 수 있는 작은 떨림도
나의 렌즈 앞에서는 바로 들켜요
떨림을 숨기기 위해
반짝이는 별을 배경에 매달아야 해요

자신을 피사체로 삼은 최초의 세대가 된다는 것은

참 뻔뻔하고 슬픈 일

나를 향해 렌즈를 들이대다 보면 알게 돼요

삶이 얼마나 나를 구부리고 싶어 하는지,
내가 얼마나 삶을 구겨버리고 싶어 하는지,

두려움을 숨기려고 왜곡을 반복하고
반복된 왜곡에 중독된 거짓 희망으로
미래를 세뇌하려 드는지,

몰라도 좋을 것, 몰라야 좋을 것을 알게 돼요

위험한 순간은 문득 찾아오는 걸까요
마침내 무서운 걸까요
나르시스, 정말 끈질기군요

마리오네뜨의 동선

서쪽 하늘이 젖은 행주를 입에 물고 있다

바람이 슬쩍 건드리기만 해도
주르륵 하늘 한 귀퉁이가 흘러내릴 것이다

파란 꽃제비처럼 몰려다니는 뜨내기 먹구름들
한바탕 울고 싶을까
드문드문 허기가 더 깊어질 것이다

우기가 길어지자 말이 버려진다
입이 버려진다
아이들이 태어나기를 그만둔 자리에서
모르는 타인들이 태어난다
얼굴을 돌리지 않고도 우리는 서로를 모를 수 있다

모두가 모두의 타인이 되는 때가 도둑처럼 닥쳐
민낯과 춤과 노래가 금지된다

줄 서기와 명령에 익숙해진 역병의 신민들
왕이 하사한 동전으로 빵을 사러 간다

〈
저기압의 빵집 앞에는 화장하지 않은 혼잣말이 길게
줄을 선다
당분간 이렇게 살아야 할 것이다

아무도 말해주지 않는다
당분간이 얼마나 긴 시간인지
아무도 말해주지 않는다
역병의 이간질이 언제 끝날지

가면이 이동한 동선의 목록이 길어진다

빵과 칼의 거리

누가 그 사이에 끼어들고 싶을까요
갈비뼈와 근육의 끈끈한 감정 사이
솥의 둘레를 잠재우며 둥글게 펼쳐진 겨울 아침
검은 솥에 하얗게 굳은 비계가 아니라면

누가 그 사이에 끼어들었을까요
코끼리 인형과 양모 담요의 온도 사이
촉 틔운 감자가 애용하는 소파가 아니라면
스프링이 찌그러진 권태가 아니라면

누가 그 사이에 끼어들어도 될까요
함석지붕과 소나기 사이
이명의 날카로운 장마교향곡이 아니라면
동심원이 그려질 틈 없는 음표가 아니라면

누가 그 사이에 끼어들어야 할까요
옛날 애인과 미래 원수 사이
울어서 눈이 빨갛게 된 그림자들이 아니라면
다시는 태어나고 싶지 않아, 울부짖음이 아니라면
〈

누가 그 사이에 끼어들 수 있을까요
아홉 살 나와 아흔아홉 살 나 사이
이 구역에서 제일 미친 대추나무가 아니라면
널뛰듯 날뛰다 못 다 미친 영혼이 아니라면

단골이 되기에 너무 늦은 술집은 없다

빨리 취하고 싶어 단골이 되기로 한다

드르륵 소리 나게 막다른 골목을 밀면, 유리문 넘어
내항 불빛이 기다렸다는 듯 달려 나온다
생의 절반을 바다에서 보낸 바텐더는 칵테일에
파도를 베이스로 깐다
취하는 건 출렁거리며 오르내리는 것이라고

만조의 슬픔 한 잔에 광대뼈가 한껏 밀려 올라가고
깊이를 모르는 수심 한 잔에 입술 꼬리가 풀리고
빙산의 농담 한 잔에 오래 참은 웃음이 쏟아지고

목이 쉰 해적판 음악이 술을 부르는 것처럼
불타는 물의 노래가 마른 입술을 부르는 것처럼
월요일 아침이 금요일 저녁을 부르는 것처럼
단골이 되면 언제라도 취할 준비가 된다

봄바다의 단골이 되면 사월에 취할 수 있고
단풍바다의 단골이 되면 시월에 취할 수 있다
시간은 절벽처럼 앞을 막아서는데

고요가 바다의 단골이 되자면 달의 무엇에 취해야 할까

무엇이 중요한데, 무엇이, 주문처럼 외우며
파도에 골똘히 취해도 될까
취하지 않고야 어떻게 수직으로 깎아지를 수 있을까

잃을 것이 없는 사람은 없어

태풍에 배경을 맡긴 나무들
서쪽 바다의 단골이었다는 듯
안주도 없이 일찌감치 노을에 취한 얼굴들

아무것도 두려워할 것 없어

바람의 입을 빌어 속삭이지만
어둠의 천막을 뚫고 쏟아진 우박에
아무것에도 취한 적 없는 앙상한 전생을 들킬까
전전긍긍이다

발이 푹푹 빠지는 갯벌, 장화가 반쯤 벗겨진 고양이처럼

비틀거렸을까
말라비틀어진 물고기 한 마리 입에 물고
밀물에 쫓기듯 필사적으로
외상이라고는 없는 인생을 꿈꾸었을까

왜 그렇게 비틀거리지 않으려 애썼을까
비틀거리다 다시 비틀거려도 좋을 것을
비틀거리는 것을 믿어도 좋을 것을

쓸모없는 조바심과 안간힘 내려놓고
외항 불빛의 느슨한 단골이 될 수도 있을 것을

왜 그렇게 취하지 않으려 애썼을까
깊이 취해야 제 속을 한 마디씩 보여주는 삶의 구애를
왜 그렇게 애써 외면했을까

최선을 다해 삶의 단골이 되기로 한다
삶의 바닥의 바닥까지, 삶의 끝의 끝까지
만취한 나를 세상이 징글징글한 단골이라고 부를 때까지

도마뱀이 나타난 저녁

저녁이 울음을 삼킨다 삼킨 울음으로 배가 부르다 이끼 낀 붉은 벽돌과 도마뱀은 구별되지 않아, 이타적 사이가 이기적 거리로 바뀐다 모든 사이가 거리로 대체된다 불안을 몰고 다니는 바이러스는 이간질 전문, 자가격리 상태의 저녁이 손을 지우고 입을 지우고 놀이터를 지우고 광장을 지우는 사이, 비어 있는 저녁이 펄럭이는 흰 식탁보를 걷는 사이, 음압의 거리 구석구석 숙주의 동선이 배달된다 얼마나 계속될지 모르는 항해에서 만나는 스킬라와 카리브디스˚, 문상을 포기하는 다정한 타인이 되기 위하여, 게걸스러운 입에 얼마나 많은 희생양을 바쳐야 할까 이 무시무시한 해역을 빠져나가는 때가 오기는 올 것이다 이 무슨 근거 없는 일회용 낙천성인지, 음성을 통보하는 문자가 도착한다 역병을 모르는 도마뱀이 유유히 저녁과 순진무구한 공포 사이를 돌아다닌다

˚ 진퇴양난, 오디세이아.

무

마침내 늦가을이 와 무밭에 무를 뽑으러 가네
서리 내리기 전에 무를 뽑으러 가네

숱이 많은 갈기를 풀어놓고
무는 고요하네
뿌리와 머리만으로 무성한 바람을 다 키웠다고
들녘을 바람으로 채우고
무는 기다리네

내가 한 일이라고는
오일장 난전 종묘상에게 씨앗을 산 일
빌린 남의 땅에 재미 삼아 한 봉지 무씨를 묻은 일
풀 한번 뽑아준 일

묵묵한 흙을 믿은 일
딛고 선 바닥을 믿은 일
바닥보다 더 아래 심연을 믿은 일

망치질 소리 한 점 없이
어둠 속으로 희고 튼튼한 기둥을 박아 나가는

무를 믿은 일

빛 한 점 들지 않은 땅속에서
한 점 티끌 들이지 않고
안으로 안으로 하얗게 단단해져 가는
어둠을 믿은 일

보이지 않는 것들의
순결함을 믿은 일

그 후로는 모두 무가 한 일

얼마나 자랐나, 이따금 내 궁금증에 대답하듯
캄캄한 어둠 속에서 무밭은 푸르게 빛나고
오며 가며 들여다보는 동안 무는
뭐라 뭐라 말했지만 나는 알아듣지 못했네

세상에 할 일이 많다지만
이 쓸쓸한 가을에 그래도 참 할만한 일은
무를 뽑는 일

〈
가을볕 속으로 무가 올라오네

땅을 열고 올라오는 묵직한 뿌리를 맞받아 올리며, 나는
사심 없이 자란 희고, 맑고, 서늘한 상상력을
쑥쑥 뽑아 올리네

시간의 약속 앞에 깊이 허리를 굽히네

전사의 시

 밤의 등에 누가 음압의 날개를 그려놓았을까 웃어도 웃는 얼굴이 되지 않아 일그러지는 무채색, 언제 그만둘 거니 언제 철들 거니 귀에 닿는 흰 입술이 붙박인 날개에 눈을 그린다 불가능한 이륙을 꿈꾸는 것들은 붉은 농담을 좋아해, 꿈에 그치고 마는 춤, 썰렁한 무대 위에 쌓이는 충혈된 동작들, 내일은 돌아올 거야 일찌감치 철들어도 될까, 조심스레 말해도 될까, 무겁게 부식된 시간, 벽이라는 날개에 등을 붙이고 비로소 완성되는 동작들, 단단한 하늘을 노 저어 가는 새의 피투성이 항해, 간절히 어제는 돌아올 거야 느슨하게 웃게 할 수 있다면, 귀에 걸린 얇은 노을도 괜찮아 헐렁하게 웃을 수 있다면, 친절한 충고도 고마워 상처라면 입을 만큼 입어보았어, 결국 아물고, 어느 날 흔적 지워지고, 그까짓 상처, 꾸준히 오늘은 돌아올 거야 확진된 허방과 자갈이 널려 있는 하늘, 울지 않는 늪, 엎어지고 자빠지는 폭풍, 모든 해협을 건너 모든 장애물을 넘어, 벽 속 하늘을 날아 몹시 오늘은 돌아올 거야 벽에 그려진 날개만큼 춤추기 좋은 무대도 없어, 마모된 시간 속으로 몸과 날개 스며들고, 봉쇄된 하늘 영원히 잊겠지만, 그럴 일 없겠지만, 그래서는 안 되겠지만,

■ 부록

울음의 이정표

  일기장이 젖도록 우는 날이 삶이야 언니의 일기장이 눈물로 말하고 있어요 다락방 작은 창으로 비치는 햇빛을 따라, 햇빛에 떠다니는 먼지들을 따라, 점점이 눈물자국으로 지워지고 이어지는 잉크 글씨를 따라, 여기는 어디일까요 또 길을 잃어요 시간의 먼지 속에 잊혀가는 일기장이 문득 떠올라 길을 가리켜요 시인은 울음의 이정표를 따라가는 사람일까요 슬픔의 화살표가 가리키는 젖은 길을 걸어가는 사람일까요 시간에게 몸으로 생명을 받은 것들이 모두 측은해요 무엇이 울게 하느냐 물으면, 살아야 할 운명이라 대답할까요 점선으로 띄엄띄엄 길을 가요

숨죽여 우는 사람

어딘가 닿겠지요 닿지 않으면 어때요 자갈길, 흙길, 모랫길, 풀밭 길, 길 위의 시간이 길어요 좁은 길, 불면을 부르는 길, 슬픈 일이 눈을 가득 채우는 길, 작은 골목과 거리와 바닷길, 산길, 들길을 오래 걸어요 우울과 명랑이 뒤섞인 길을 걸어요 슬픈 일은 일기에 숨기고 기쁜 일만 겉으로 꺼내 놓아요 일찍 철든 유쾌한 사람으로 비친다면, 그건 순전히 슬픔과 우울을 빨아먹은 언어 덕분이지요 눈물이 우리 삶을 고귀하게 만든다는 말일까요 떨어진 눈물 자국은 왕관 모양이고요 시인은 우는 사람, 다시 우는 사람, 혼자 통곡하는 사람, 누군가 들을까 숨죽여 우는 사람일까요

프롤로고스

  시 안에서는 그 어떤 실패도 실패가 아니지요 몰락과 죽음조차 실패가 아니지요 존재의 양식이자 구조일 뿐, 시인이라고 자연의 죽음을 피할 수 없지만, 시는 죽음을 견딜만한 어떤 것으로 바꾸지요 시의 외부에서는 모든 것이 변하고 유한하지요 시의 내부에 들어온 것은 한결같고 무한하지요 변질되기 쉬운 사랑도, 찰나의 기쁨도, 가장 깊고 가장 맑은 슬픔도, 심지어 죽음도 시 안으로 들어가면 순수한 기적이 되지요 시의 내부가 된 만물은 영원히 죽어 영원히 살지요 자다 깨어 울면서라도 쓰지 않을 수 없어요 다시 시작해요 침묵의 배후에 퍼다 나르는 울음이라는 농담

■ 해 설

발랄과 우울, 그리고 그 사이
― 최정란 시집 『독거소녀 삐삐』 읽기

오민석(문학평론가·단국대 교수)

I.

이 시집엔 깔깔대며 세계의 지붕에서 미끄럼 치는 명랑, 발랄한 소녀들의 언어가 있고, 그것들의 배후에서 사선射線으로 내리는 비처럼 우울한 슬픔의 언어가 있다. 이 두 개의 언어는 별개가 아니라 상호내주perichoresis 하는 언어이며, 이 시집을 끌고 가는 두 개의 벡터이다. 소녀-언어는 유토피아의 언어이자, 피난의 언어이고, 현재만 있는 언어이다. 슬픔-언어는 고통의 언어이자, 갈등의 언어이고, 과거의 언어이다. 이 두 가지 벡터들은 서로 꼬이고 엉키며 다양한 주름들을 만들어낸다. 소녀-언어가 세계의 통증을 잊고 무지개처럼 달려갈 때, 그 순수-현재의 배후에는 지는 노을처럼 사연 많은 슬픔-언어가 걸려

163

있다. 최정란 시인은 유토피아와 디스토피아, 가벼운 현재와 무거운 과거, 순수와 경험을 교직하기 위하여 이와 같은 시적 미장센Mise-en-Scène을 사용한다. 소녀—언어는 안식과 평화, 망각과 도취의 유토피아로 슬픔—언어를 유혹하거나 야유한다. 슬픔—언어는 소녀—언어의 허구성을 물어뜯음으로써 소녀—언어에 대한 질투를 상쇄한다. 그러나 슬픔—언어가 없다면, 소녀—언어는 얼마나 공허한가. 망각이 아름다운 것은 그 배후에 뼈아픈 고통이 있기 때문이며, 무사유의 현재가 귀한 것은 과도한 사유의 과거가 있기 때문이다. 최정란의 쇠북엔 두 개의 추가 달려 있다. 하나의 추가 종을 칠 때, 다른 추는 그 소리를 흡수한다. 그리하여 다른 추가 울릴 때, 두 추의 소리가 동시에 울린다. 최정란의 시는 소녀—언어와 슬픔—언어가 겹치는 곳에서 태어나는 주름들이다. 그것은 다양한 형식과 콘텐츠로 이루어져 있지만, 겹치고 겹쳐 다름 아닌 '최정란의 세계'로 종합된다.

자전거를 타고 소풍을 가요 챙이 큰 흰 모자를 쓰고 소풍을 가요 김밥을 싸고 흰 운동화를 신고 자전거를 타고 소녀들이 소풍을 가요 어떻게 아이가 생기는지 모르면서 아이를 품은 소녀가 소풍을 가요 돗자리에 둘둘 말린 소녀가 소풍을 가요 날아오는 돌에 멍이 든 소녀가 소풍을 가요 어제저녁 엄마 제사상을 직접 차린 소녀가 소풍을 가요 내일이면 야반도주할 엄마가 싸준 도시락을 싣고 소풍을 가요 의자와 침대에 앉아 제각기 따로 첫날밤을 보내게 될 소녀가 소풍을 가요 산을 넘고 강을 건너 바다를 건너 소풍을 가요 아무도 소녀들을 아프게 할 수 없는 땅으로 소녀들이 소풍을 가요 소녀들에게 가장 어울리는 일은 소풍, 소녀들이 소나무 숲을 지나 염소 떼를 지나 소풍을 가요 소녀들이 소풍을 가요

—「소녀들이 소풍을 가요」 전문

"소녀", "자전거", "소풍", "흰 모자", "김밥", "풀밭" 같은 기표들은 모두 소녀-언어에서 나온 것들이다. 이것들은 얼마나 경쾌하고, 즐겁고, 명랑하고, 발랄한가. 이것들은 오로지 현재에서 현재로 미끄러지는, 무사유가 죄가 아닌 공간의 기표들이다. 이 공간에서 모든 것들은 생생하게 살아있고, 세계는 처음 보는 것처럼 신선하며, 모든 곳은 집처럼 편안하다. 이곳에선 권태도 슬픔도 없다. 이 속에서 모든 것들은 "아프게 할 수 없는 땅"으로 가는 것처럼 즐겁다. "날아오는 돌", "엄마 제사상", "야반도주"는 모두 슬픔-언어의 계보에서 나온 기표들이다. 소녀-언어가 아무 생각 없이 "아프게 할 수 없는 땅"으로 깡충거리며 뛰어갈 때, 슬픔-언어가 거머리처럼 이들의

손과 발과 목을 휘감는다. 말하자면, 이 소풍은 '순전'하지 않다. 소녀들은 슬픔-언어의 "돗자리에 둘둘 말린" 채 소풍을 간다. 이 시를 그림으로 옮긴다면, 얼마나 참혹한 화폭이 될까. 상기된 분홍빛 얼굴에 흰 모자를 쓰고 푸른 풀밭을 달려가는 명랑 소녀들의 온몸을 휘감는 폭력과 죽음과 불화의 어둡고 칙칙한 천들을 보라. 누구에게나 소녀-언어의 시절이 있고, 소녀-언어로 본 세계가 있다. 그것은 우리에게 어떤 아픔도 예고하지 않았으며, 노여움과 슬픔을 가르치지 않는다. 간혹 슬픔-언어와 직면할 때도 도망갈 소녀-언어가 있다는 것은 얼마나 다행인가. 그러나 세계는 우리가 소녀-언어의 풀밭으로 계속 소풍 가는 것을 허락하지 않는다. 어디선가 돌이 날아오고, 가까운 사람이 죽고, 아버지의 법칙Father's Law은 늘 징벌의 기회를 엿본다. 그러므로 삶은 이토록 명랑하고 이토록 슬프다. 삶은 이처럼 전혀 다른 두 선 혹은 두 면이 겹쳐 만드는 주름이다. 주름 속에는 소녀와 슬픔, 사랑과 환멸, 현재와 과거, 경쾌함과 무거움이 서로 떨어질 수 없이 깍지를 끼고 있다.

    우리는 서로를 찌르며 놀아요

    말없이 잘도 놀아요

    오늘 당신은 나를 찌르며 놀고 나는 찔린 가시를 뽑으

며 놀아요

  뽑으려 하면 할수록 가시가 더 깊이 들어가요

  그래도 가시를 뽑아요

  놀이의 규칙을 지켜요

  …(중략)…

  가시의 안부가 도착해요

  가시 안테나가 더듬더듬 붉은 신호를 읽어요

  가시가 가시를 내밀어 가시를 읽어요

  가시가 없는 말은 무심하고

  가시가 없는 관계는 깊이를 몰라

  세계의 표면을 겉돌아요

  …(중략)…

  우리는 찌르고 스미며 피를 나누는 사이,

  혀를 내밀어 서로의 가시를 맛보지요

  우리는 걷는 식물과 뿌리 내린 동물,

  당신의 모순을 사랑해요

  당신도 나의 모순을 사랑하는지 알 수 없어 나는

〈
기어이 한 방울 피 맛을 보고

그 사이 화분은 뿌리 한 뼘 더 자랐어요

— 「사슴뿔선인장」 부분

    세계는 소녀-언어와 슬픔-언어의 중층결정으로 이루어져 있다. 소녀-언어와 슬픔-언어는 세계를 구성하는 두 개의 층위이다. 둘 중 어느 한쪽이 없이 세계는 존재할 수 없다. 그러므로 세계는 이것들이 "서로를 찌르며" 노는 공간이다. 슬픔-언어는 소녀-언어의 유쾌, 발랄, 명랑의 상태를 그냥 놔두지 않는다. 슬픔-언어는 소녀-언어의 환상을 깨며, 먹구름을 뿌리고, 찬 서리를 내린다. 그러나 소녀-언어가 없이 슬픔-언어는 자신의 결핍을 모른다. 슬픔-언어는 자신의 지친 남루를 벗고 소녀-언어로 돌아가기를 원한다. 소녀-언어는 슬픔-언어의 (돌아갈 수 없는) 고향이다. 반대로 슬픔-언어가 없이 소녀-언어는 존재할 수 없다. 슬픔-언어의 어둠이 소녀-언어의 밝음을 구성하고, 슬픔-언어의 공포가 소녀-언어의 환희를 존재하게 한다. 그러므로 이 둘은 서로를 찌르며 서로에게 파고드는 "가시"들 같다. 그것들은 "뽑으려 하면 할수록" 서로에게 "더 깊이 들어" 간다. 이 "찌르고 스미며 피를 나누는 사이"가 존재와 세계를 구성한다. "당신의 모순을 사랑해요"라는 고백은, 그 자체 모순인 세계를 수용하는 시인의 고통스러운 자세를 잘 보여준다.

Ⅱ.

소녀-언어는 통일성의 언어이다. 그것은 차이와 분리를 동질성의 끈으로 묶는다. 소녀-언어는 동질성의 반복으로 차이를 무화함으로써 슬픔-언어의 틈입을 막는다. 소녀-언어는 슬픔-언어의 복잡성을 단순성으로 대체하며 슬픔-언어에 저항한다.

졸라 블라블라 졸라졸라 블라블라 어여쁜 소녀 떼가 졸라졸라 길을 간다 졸라졸라 팔짝팔짝 졸라졸라 즐거워 교실도 졸라 시험도 졸라 학원도 졸라 아빠도 졸라 (밥맛없어) 엄마도 졸라 (밥맛없어) 집도 졸라 용돈도 졸라 알바가 졸라 생리대가 졸라 말과 투구가 졸라 발랄해, 졸라졸라 거슬려, 내가 졸라 밥맛이라는 증거, 학교와 부모를 졸라 존중하는 증거, jollyjolly 깔깔대며 졸리졸리 조잘대는 소녀 떼, 투명한 새 탁구공처럼 졸라졸라 튀어 오르며, 입을 모아

졸라졸라 블라블라

〈

　존나 블라블라 존나존나 블라블라 씩씩한 소년 떼가 존나존나 길을 간다 존나존나 펄쩍펄쩍 존나존나 유쾌해 게임도 존나 급식도 존나 과외도 존나 선생도 존나 (병맛이야) 형도 존나 (병맛이야) 축구도 존나 여친도 존나 꿈이 존나 솜털 수염이 존나 말과 노새가 존나 경쾌해, 존나존나 거슬려 내가 존나 병맛이라는 증거, 선배와 또래를 존나 존중하는 증거, 尊나存나 낄낄대며 좋나좋나 진지한 소년 떼, 보이지 않는 골대를 향해 존나존나 돌진하며, 발을 굴려

　존나존나 블라블라

　* 괄호 안이 더 크게 들린다. 밥맛과 병맛은 어떻게 같고 다를까. 모른다는 것 좋다.

— 「말과 투구와 노새와 랩」 전문

　"졸라졸라"와 "존나존나"는 차이의 기병대를 때려 부수는 동일성의 주술이다. 차이의 "말"들이 쳐들어올 때, 소녀-언어는 "졸라졸라"를 외쳐 모든 차이를 무산시킨다. 세계의 모든 것은 오로지 "졸라졸라"와 "존나존나" 대상물일 뿐이다. 차이와 분리와 분열의 세계는 "졸라졸라"와 "존나존나"의 주문 앞에서 무너진다. 세계는 "졸

라"와 "존나"의 "투구"를 뚫지 못한다. 소녀-언어는 "소녀"와 "소년"의 젠더적 차이조차 인정하지 않는다. "졸라"와 "존나"는 모든 것을 단순화시킴으로써 무력화하는 "랩"이고 "블라블라"이다. "졸라"와 "존나"는 그러므로 복잡성과 차이의 세계에 저항하는 동맹의 언어이다. "어여쁜 소녀 떼"와 "씩씩한 소년 떼"는 이렇게 "깔깔대며" "낄낄대며" "입을 모아" "발을 굴러" 싸운다. 이것들은 이성, 문법, 관습, 위계, 권위의 언어를 조롱한다. 그것은 고체화된 성인의 언어와 문법을 희롱하는 옹알이 혹은 액체의 언어이다.

    순정과 명랑의 장르를 오가며

    밤과 발랄을 제각기 다른 온도에서 뒤섞다가

    제풀에 지쳐 고요해지기를 반복하는

    미완성 울음들, 나는

    날마다 나를 회수한다

    …(중략)…

    불발의 망명자가 되어

    얼음이 된 말의 지층을 발굴하게 될 줄

    녹슨 말의 파편들 띄엄띄엄

맞추어 보는 날들이 올 줄

기나긴 만화소녀시대가 끝나는 날이 올 줄
왜 모를까 왜 모른 척하는 것일까
―「만화소녀시대」 부분

  그러나 세계는 그리 만만치 않다. 소녀-언어가 "졸라 졸라" 주문을 외치며 차이의 세계를 상상계의 동일성으로 덧칠할 때, 상징계의 가시들이 "순정과 명랑"의 물풍선에 구멍을 뚫는다. 소녀-언어는 시간의 덫에 갇힌다. "장밋빛 입술과 뺨이 시간의 구부러진 칼날 아래"(셰익스피어 소네트 116) 놓일 때, 저항의 "미완성 울음들"이 넘친다. 시인은 전쟁터에 쓰러진 소녀-언어의 조각들을 줍는다("나는 날마다 나를 회수한다") 이제 액체 언어가 아닌 상징계의 슬픔-언어, "얼음이 된 말"이 세계를 지배한다. 시인의 작업은 그렇게 고체화된 언어의 "지층을 발굴"해서 액체 언어를 끄집어내는 일이다. 시인은 "기나긴 만화소녀시대가 끝나는 날이 올 줄" 알면서도, 그것을 애써 "모른 척"하며, 액체의 언어, 소녀-언어, 분리와 분열 이전의 상상계를 꿈꾼다.

III.

이렇게 보면, 최정란의 시들은 액체 언어와 고체 언어, 소녀-언어와 슬픔-언어, 상상계와 상징계의 길항拮抗 속에 놓여 있다.

> 나는 무수히 많은 거절로 이루어진다 내일 사과로 거절 당하고, 오늘 오렌지로 거절당하고, 어제 레몬으로 거절할 것이다 거절이 관계를 우롱한다. 거절이 관계를 개관한다. 관계가 지속될지 끝날지, 거절 이후에야 비로소 알게 된다 삶을 거절해보기 전에는 삶을 모른다 꽃을 거절할 수 없어 열매를 거절한다 달을 거절하지 않을 예정이므로 나는 해를 모른다 삶도 나를 모를 테니, 비긴 걸까 너를 거절할 수 없어 오늘도 나는 나를 거절한다
> - 「거절학개론 - 이 필수 교양서의 목차를 지운다」 전문

"거절"이 없이 세계는 없다. "거절"이 없이 존재도 없다. "삶을 거절해 보기 전에는 삶을 모른다." 거절은 존재의 기원이며, 서로 다른 층위들이 만나는 지점에서 발생하는 수행performance이다. 비존재는 배제의 수행을 통해 비로소 존재가 된다. 소녀-언어는 파괴와 위계의 언어를 "졸라졸라" "존나존나" 거절하면서 자신의 동질성을 유지한다. 그리고 이 모든 거절은 상처의 부위들을 만든다.

「눈물광대」, 「막막광대」, 「회의광대」 연작시들은 거절의 수행과정에서 발생하는 아픈 정동情動들을 "눈물", "막막", "회의"의 기표들로 그려낸다. 상상계에서 상징계로, 액체 언어에서 고체 언어로, 소녀-언어에서 슬픔-언어로 넘어갈 때, 눈물 어린, 막막한 회의가 생겨난다.

> 어딘가 닿겠지요 닿지 않으면 어때요 자갈길, 흙길, 모랫길, 풀밭길, 길 위의 시간이 길어요 좁은 길, 불면을 부르는 길, 슬픈 일이 눈을 가득 채우는 길, 작은 골목과 거리와 바닷길, 산길, 들길을 오래 걸어요 우울과 명랑이 뒤섞인 길을 걸어요 슬픈 일은 일기에 숨기고 기쁜 일만 겉으로 꺼내 놓아요 일찍 철든 유쾌한 사람으로 비친다면, 그건 순전히 슬픔과 우울을 빨아먹은 언어 덕분이지요 눈물이 우리 삶을 고귀하게 만든다는 말일까요 떨어진 눈물자국은 왕관 모양이고요 나는 우는 사람, 다시 우는 사람, 혼자 통곡하는 사람, 누군가 들을까 숨죽여 우는 사람일까요
>
> — 「숨죽여 우는 사람」 전문

이 작품은 온전히 상징계로 떠밀려온 존재의 비애를 잘 그리고 있다. 이 시에 나오는 수많은 종류의 "길"들은 "우울과 명랑"의 이중 언어가 유랑하는 공간이다. 상징계

는 "명랑"의 언어를 인정하지 않는다. 그러나 시인은 소녀–언어, 사라진 것 같은 먼 고향의 언어를 버리지 않는다. 슬픔–언어, 우울–언어의 세계에서 소녀–언어, 명랑–언어는 사라진 유토피아이다. 이 시의 화자가 "우는 사람" 혹은 "통곡하는 사람"인 이유는 고향을 상실했음에도 불구하고, 그것을 잊지 못하기 때문이다. "슬픔과 우울을 빨아먹은 언어"는 가짜 존재, "일찍 철든 유쾌한 사람"을 만든다. 화자는 차라리 "통곡"함으로써 철들지 않기를 원한다. 소녀–언어를 버리지 못한 자만이 상징계에서 "통곡하는 사람"이 될 수 있다. 최정란의 시에는 이렇게 "우울과 명랑이 뒤섞"여 있다. "명랑"은 그녀의 시를 경쾌하게 만들고, "우울"은 그녀의 시를 깊게 만든다. 그녀의 시들은 "우울"의 언덕에서 "명랑"을 그리워하고, "명랑"의 풀밭에서 "우울"을 감지한다.

상상인 시선 031
독거소녀 삐삐

초판 1쇄 발행 | 2022년 5월 3일

지 은 이 | 최정란

펴 낸 곳 | 도서출판 상상인
펴 낸 이 | 진혜진
표지디자인 | 최혜원

등록번호 | 제572-96-00959호
등록일자 | 2019년 6월 25일
주　　소 | 06621 서울시 서초구 서초대로74길 29, 904호
전화번호 | 02-747-1367, 010-7371-1871
팩　　스 | 02-747-1877
전자우편 | ssaangin@hanmail.net

ISBN 979-11-91085-51-8 (03810)

값 10,000원

* 이 도서는 2020년 한국문화예술위원회 아르코문학창작기금 지원사업에 선정되어 발간되었습니다.
* 이 책은 전부 또는 일부 내용을 재사용하려면 반드시 저작권자와 도서출판 상상인의 동의를 받아야 합니다.
* 이 책은 교보문고와 연계하여 전자책으로도 발간되었습니다.